KB061210

가상과 현실 사이에서

미디어 루키스의 미국 동부 미래 미디어 탐방기

나남
nanam

나남신서 2161

가상과 현실 사이에서
미디어 루키스의 미국 동부 미래 미디어 탐방기

2024년 4월 5일 발행
2024년 4월 5일 1쇄

편저자   마동훈 · 정세훈 · 권나현
발행자   趙相浩
발행처   (주) 나남
주소   10881 경기도 파주시 회동길 193
전화   (031) 955-4601 (代)
FAX   (031) 955-4555
등록   제 1-71호 (1979.5.12)
홈페이지   http://www.nanam.net
전자우편   post@nanam.net

ISBN   978-89-300-4161-4
ISBN   978-89-300-8655-4 (세트)

나남신서 2161

가상과 현실 사이에서

미디어 루키스의 미국 동부 미래 미디어 탐방기

마동훈 · 정세훈 · 권나현 편

나남
nanam

Between Virtuality and Reality

Edited by

Dong Hoon Ma
Se-Hoon Jeong
Na Hyeon Kwon

nanam

고려대학교
AJ 미디어 루키스 프로그램
시즌3-에피소드2

미국 동부
미래 미디어
탐방기

2023년 7월 8일~22일
미국 동부 뉴욕, 보스턴,
펜실베이니아 일대 탐방
– 2주간 여정의 기록

참가자

노단
미디어학과 박사과정

정지예
미디어학과 석사과정

김강민
미디어학부 19학번

김선민
미디어학부 19학번

김나영
미디어학부 20학번

백세인
미디어학부 20학번

남지윤
미디어학부 21학번

임다솜
미디어학부 21학번

권나현
미디어학부 21학번

정윤서
미디어학부 21학번

황지윤
미디어학부 21학번

채문철
미디어학부 22학번

마동훈
미디어학부 교수

정세훈
미디어학부 교수

일정

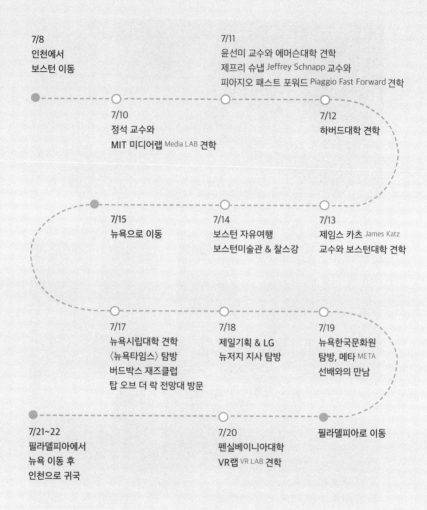

7/8
인천에서
보스턴 이동

7/10
정석 교수와
MIT 미디어랩 Media LAB 견학

7/11
윤선미 교수와 에머슨대학 견학
제프리 슈냅 Jeffrey Schnapp 교수와
피아지오 패스트 포워드 Piaggio Fast Forward 견학

7/12
하버드대학 견학

7/13
제임스 카츠 James Katz
교수와 보스턴대학 견학

7/14
보스턴 자유여행
보스턴미술관 & 찰스강

7/15
뉴욕으로 이동

7/17
뉴욕시립대학 견학
〈뉴욕타임스〉 탐방
버드박스 재즈클럽
탑 오브 더 락 전망대 방문

7/18
제일기획 & LG
뉴저지 지사 탐방

7/19
뉴욕한국문화원
탐방, 메타 META
선배와의 만남

필라델피아로 이동

7/20
펜실베이니아대학
VR랩 VR LAB 견학

7/21~22
필라델피아에서
뉴욕 이동 후
인천으로 귀국

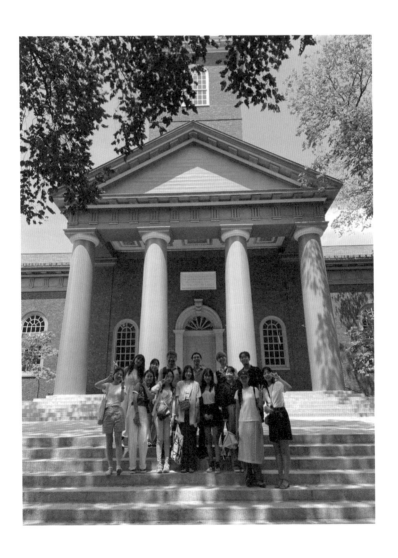

MIT 미디어랩
MIT Media LAB

'미래 스케치', '미래의 오페라' 등 표현
수단으로 기술을 활용하는 MIT 미디어
랩을 방문하여 이들의 창의성에 감탄했다.
미디어 기술을 공학자적 관점에서 접근해
볼 기회였다.

피아지오 패스트 포워드
Piaggio Fast Forward

제프리 슈냅 Jeffrey Schnapp 하버드대학
교수의 이야기를 그가 연구하는 로봇공학
기업에서 직접 들었다.

하버드대학
Harvard University

세계 최고의 명문 하버드대학에서
공부하고 있는 선배를 만나 현지의
이야기를 듣고 캠퍼스 투어를 통해
아름다운 전경도 관람했다.

보스턴대학
Boston University

보스턴대학의 제임스 카츠[James Katz]
교수로부터 이 대학의 교육과정에 대한
소개를 받았고 학교의 캠퍼스를 탐방했다.

뉴욕타임스
The New York Times

미국 최고의 권위지이자 세계적 디지털 미디어로 자리 잡은 <뉴욕타임스>에서 언론사가 걸어온 길 그리고 지금의 언론 지형에 관해 배웠다. 저널리스트의 사명에 관해 생각해 보는 시간이었다.

제일기획 뉴욕지사
Cheil North America

제일기획 마케팅 담당자를 만나 산업의 동향을 확인하고 트렌드를 읽는 눈을 키웠다.

현대자동차 전시관
Hyundai Genesis Showroom

제네시스 하우스에서 미디어아트를
관람했다. 한국적 향기가 물씬 풍기는
건축물도 볼 수 있었다.

펜실베이니아대학 VR랩
UPenn VR Lab

VR기기 '오큘러스'를 착용하여 VR을 체험했다. 기술이 앞으로 어떻게 우리의 삶을 바꿀지 뉴미디어의 미래에 대해 고민해 보는 시간이었다.

차 례

1부 가상 미디어의 미래

2부 도시와 거리의 일상

3부 내러티브 속의 문화

프롤로그

가상 너머의 현실로

미디어 루키스의 도전

지난 2019년, 고려대 미디어학부의 새로운 도전으로 시작된 미디어 루키스 프로그램은 그동안 미국의 서부 도시 로스앤젤레스, 샌프란시스코, 산호세, 라스베이거스를 중심으로 미디어 테크 산업, 주요 대학 강의실과 실험실의 심층 탐방과 현장 학습을 통해 미디어학부의 다음 세대 학생들에게 미래 미디어산업을 깊이 체험할 기회를 만들어 왔다.

구글Google, 애플Apple, 페이스북Facebook의 고향인 베이 지역, 실험적 아이디어 교육과 연구의 본산인 스탠퍼드대학, 꿈의 공장 할리우드를 품은 로스앤젤레스, 혁신 테크놀로지의 경연장인 라스베이거스 국제전자제품박람회CES의 체험은 모두 다음 세대가 마주할 미래 미디어 테크놀로지와 콘텐츠의 소중한 학습장이었다. 코로나로 인해 외국 여행이 불가능했던 2020년 국내 미디어산업 탐방을 포함해 연인원 학부생 80여 명, 대학원생 20여 명, 교수 12명이 함께한 프로그램이다. 미디어 루키스는 이미 고려대 미디어학부생에게 가장 인기 있는, 대표적 교과과정 외 프로그램으로 자리매김했다.

미국 동부에서 마주친 가상 미디어 시대

미국 서부 캘리포니아가 도전과 혁신의 상징이라면, 동부 도시 보스턴, 뉴욕, 필라델피아는 전통과 품격의 상징이다. 미디어 루키스 프로그램의 또 다른 방향, 즉 미국 동부 여행을 생각한 것은 사실 프로그램을 처음 기획했던 2019년부터였다. 매년 더운 여름에는 비교적 날이 선선한 미국 동부 보스턴의 디지털 테크놀로지 융합 연구기관인 MIT 미디어랩MIT Media Lab, 그리고 뉴욕 맨해튼의 전통적 미디어 하우스이면서도 시대에 맞는 혁신의 옷을 갈아입는 중인 대표적 언론 기업 〈뉴욕타임스The New York Times〉의 사례를 체험할 기회를 갖고, 추운 겨울에는 상대적으로 따뜻한 서부 캘리포니아에서 테크 산업을 심층 탐구하는 것이 원래의 목적이었다. 그러나 2020년 봄 코로나 팬데믹의 창궐은 그 발걸음을 주춤하게 했다. 오랜 인고의 시간을 거쳐 지구촌이 팬데믹의 진통에서 자유롭게 된 2023년 여름, 미국 동부 투어 계획이 드디어 실행되었다.

미디어 루키스 프로그램은 학부생들이 현재와 미래의 미디어를 이끌어 갈 새로운 테크놀로지 산업 현장을 체험할 기회를 갖고, 미지의 미디어 세계에서 자신이 잘할 수 있는 일을 찾아 차분히 준비하고, 나아가 그 일을 통해 어떤 방식으로 사회에 기여할지를 생각하게 해 줄 목적으로 설계되었다. 한편, 한국을 떠나 더 넓은 세계의 다양한 사람들의 다양한 일상을 짧은 시간이나마 경험할 수 있도록 하는 것을 목적으로 한다. 약 2주간의 단기 프로그램으로서 한계는 있지만 사전에 잘 준비된 프로그램이 있다면 마냥 불가능한 일은 아니었다. 그래서 주요 프로그램을 같이 참여하는 지도 교수들이 직접 기획하고 디자인해서 시간 대비 효율성을 높이고자 했다.

미디어 루키스 시즌 3 - 에피소드 2, 미국 동부 프로그램은 "가상 미디어 시대의 탐구Exploring the Media Age of Virtuality"라는 주제로 준비됐다. 보스턴에서는 MIT 미디어랩, 하버드대학의 비교문화학과와 메타랩Meta Lab, 로봇 개발사인 피아지오 패스트 포워드Piaggio Fast Forward, 에머슨대학의 마케팅 커뮤니케이션학과, 보스턴대학의 이머징Emerging 미디어학과를 탐방했다. 뉴욕에서는 〈뉴욕타임스〉, 뉴욕시립대학 저널리즘스쿨, 뉴욕의 대표적 한국기업 법인인 제일기획과 현대차 전시장, 뉴저지의 LG캠퍼스, 그리고 세계의 도시라고 불리는 뉴욕 맨해튼에서 한국문화 보급의 선봉에 서 있는 뉴욕한국문화원을 방문했다. 뉴욕 현지에서 일하는 구글과 메타Meta의 젊은 한국인 선배들과 테크 산업, 미래 일자리 전망에 대한 실용적 대화의 시간을 가졌다. 필라델피아에서는 펜실베이니아대학의 가상현실VR 랩과 헬스 커뮤니케이션 랩을 탐방해 가상 미디어의 본질과 활용 방안에 대해 토론했다.

새로운 가상 테크놀로지가 인간의 직업과 일을 대체하리라는 우려가 크다. 혹자는 기계가 인간을 압도하는 특이점The Singularity 시대가 곧 도래할 것이라고 예견한다. 빠른 속도로 발전하는 과학기술 문명이 종국에는 인간 문화를 완벽하게 감시하고 통제하는 사회를 불러올 것이라는 전망도 있다. 새로운 테크놀로지가 사회 변화를 불러오는 것은 사실이지만, 그것이 인류 사회를 하루아침에 송두리째 바꾸는 것은 아니다. 16세기 구텐베르크의 대량 인쇄기술은 활자중심 문화의 대중화 시대를 열었지만, 그 이전의 구술문화 시대를 완전히 대체하지 못했다.

19세기 말에는 전기적 투사 원리의 활용으로 전자 시각문화 시대가 열렸다. 영화, TV 등 영상매체가 사회적 소통의 중심 매체가 되었지만, 구술, 활자문화는 사라지지 않았다. 20세기 후반 이후 개인용 컴퓨터 매개 상호작용 문화가 시작됐지만, 구술, 활자, 시각문화는 여전히 존재했다. 21세기의 첫 20여 년이 지난 이즈음, 우리는 데이터와 인공지능에 기반해 인간의 체험을 확장하는 가상문화Virtuality의 시대, 메타버스와 생성형 인공지능의 보편화 시대를 목도하고 있다. 그럼에도 이전 시대의 소통 양식은 여전히 존재하며, 오히려 그 중요성은 더욱 부각되고 있다.

지난 3년간 코로나로 인해 철저한 고립과 고난의 시간을 겪은 인류는 대면을 바탕으로 한 구술문화, 인쇄된 텍스트에 기반한 활자문화, 이미지 중심의 시각문화, 개인 컴퓨터 중심 상호작용 문화로의 회귀를 통한 소통의 진정성 회복을 갈구하고 있다. 오래전 발터 벤야민이 얘기한 아우라Aura의 복원에 새삼 다시 주목해야 하는 이유가 여기에 있다. 마이크로소프트의 빙Bing, 구글의 바드Bard, 오픈AI의 챗GPTChat GPT와 같은 생성형 AI가 세간의 큰 관심을 크게 받는 이유는 이들 서비스가 인공지능을 통해 전통적 구술, 활자, 시각문화에 바탕을 둔 원초적 커뮤니케이션 욕구를 충족시키기 때문이다. 이들 새로운 테크놀로지의 미래도 그동안 인간이 구축해 온 커뮤니케이션 문화의 지속가능성 여부에 달려 있다.

미디어 루키스가 가상 미디어 시대에 한 걸음 먼저 가서 보고, 듣고 체험하고자 한 목적도 여기에 있다. 이미 메타버스 공연장, 게임, 교육 등으로 확대 중인 VRVirtual Reality, ARAugmented Reality, XReXtended Reality, 그리고 생성형 인공지능 테크놀로지와 산업은 지금 어디에 있고, 이제 어디로 갈 것인가? 가상 미디어 테크놀로지는 인간 커뮤니케이션 문화를 궁극적으로 어떻게 바꿀 것인가? 또 다른 어떤 서비스가 가능하고, 이를 위해 무엇을 준비해야 할 것인가? 이것이 미디어 루키스가 던진 일련의 질문이다.

가상 미디어 너머의 현실

미국 동부 대도시의 풍성한 역사와 문화 탐방, 심지어는 거리와 빌딩, 레스토랑과 카페의 관찰도 프로그램의 중요한 부분이었다. 보스턴 다운타운의 프리덤 트레일스Freedom Trails를 중심으로 한 근대 미국 역사체험, 보스턴 차 역사박물관. 미술관, 공공도서관 방문, 호수를 끼고 있는 도심공원 커먼스Commons에서의 달콤한 오후의 햇살은 모두에게 잊지 못할 순간이었다.

　뉴욕 맨해튼이 다양한 건축과 문화, 인종과 언어의 전시장임은 잘 알려진 대로였다. 다양한 인간의 군집인 현대 도시의 과거와 현재, 그리고 미래의 모습을 모두 포용하는 건축물의 조합은 균열, 단절, 부조화마저도 연결과 조화로 여겨질 정도로 독특한 경관을 만들어내고 있었다. 팬데믹을 이겨낸 맨해튼의 여름날은 특유의 활기로 가득 채워져 있었다. 한편 화려한 맨해튼 네온사인과 관광객들의 환호 이면에는 빈부 격차와 마약으로 드리워진 대도시의 어두운 그림자도 분명 존재했다. 글로벌 자본주의의 중심인 맨해튼에서 인간과 공동체의 미래를 진지하게 생각해 본 것도 우리 학생들에게는 프로그램의 또 다른 성과였다. 또한 브로드웨이 뮤지컬의 관람은 무대예술의 진수를 맛본 색다른 체험이었다.

　미국 독립의 중심인 필라델피아 도시 탐방도 모두에게 잊지 못할 경험이었다. 매일 한두 개씩 준비된 공식적 프로그램 이외의 역사,

문화, 도시 탐방은 모두 학생들의 자율적 선택과 결정에 의해 이루어졌다. 젊은 학생들이 자율적으로 볼 것과 할 것을 정해 그룹별로 동선을 만드는 체험을 하는 것 자체도 중요한 학습의 부분이었다.

다음 세대의 도전

우리는 가상 미디어 시대의 현실에 살고 있다. 가상 미디어 시대에도 여전히 도시를 걷고, 음식점과 카페를 산책하고, 사무실에서 일하고, 대학 도서관에서 공부한다. 동시에 우리는 가상 미디어를 통해 또 다른 현실을 체험한다. VR 게임에 몰입하고, AR이 제공하는 관광 콘텐츠를 소비하고, 생성형 AI가 제공하는 정보와 지식의 도움을 받으며 학습하고 일한다. 그런 의미에서 이 책의 제목인 "가상과 현실의 사이에서"는 이 시대를 사는 미디어학도뿐 아니라 모든 사람의 일상에 대한 직설적 묘사인 한편, 함축적 표현이기도 하다.

　미래 미디어를 향한 다음 세대의 도전은 "가상과 현실 사이에서" 시작한다. 가상 미디어와 가상 문화가 우리에게 불러온 새로운 미래 세계의 전개 논리와 배면의 감성을 깊이 이해하고, 동시에 공동체와 개인의 현실의 삶의 문제에 대해 관찰과 사색의 폭을 넓히며, 다음 세대의 '무한도전'은 시작된다. 그 도전의 서곡을 독자들과 함께 나누고자 하는 열정으로 프로그램에 참가한 모든 학생이 작은 글쓰기를 했고, 그 결과를 모아서 비슷하지만 또 다른 도전을 준비하는 다음 세대 모든 젊은이들과 공유하는 것이 이 책의 목적이다.

가장과 현실의 사이에서 시작하는 다음 세대의 도전은 그 목적과 방향성에 깊이 공감한 외부의 지원이 없이는 불가능했다. AJ네트웍스의 문덕영 부회장님은 미디어 루키스 프로그램의 비전과 기획 취지에 절대 공감해 주시고, 이 프로그램이 4년간 지속되도록 후원해 주셨다. 또한 프로그램의 진행 과정을 일일이 경청해 주시고, 격의 없는 대화로 참가자 학생들을 격려해 주셨다. 이에 미디어학부와 참가자 교수님들, 학생들을 대신하여 깊은 감사의 인사를 드린다. SK스토어의 윤석암 대표님은 미디어학부 총교우회장으로서 이 프로그램에 부족함이 없도록 세심한 배려를 아끼지 않으셨다. 역시 더없이 고마운 마음을 드린다. 보스턴 에머슨대학의 윤선미 교수님, 뉴욕 한국문화원의 김천수 원장님, 현대자동차 이영규 부사장님은 미디어학부생들의 같은 학과의 대선배 교우로서 현지에서 최고의 프로그램을 만드는 일을 적극 도왔다. 역시 깊은 감사의 마음을 전한다. 훌륭한 대선배들의 뜨거운 애정과 지원으로 가상과 현실 사이에 선 최고의 프로그램이 가능했다.

이번 프로그램을 처음부터 끝까지 같이 기획하고 또한 동행해 주신 정세훈 교수님께 감사한 마음을 전한다. 곳곳에서 번뜩인 정 교수님의 예리한 관점은 모두에게 최고의 지적 자극제였고, 온화한 미소는 큰 에너지원이었다. 미디어 루키스의 미국 동부 프로그램을 뒤에서 지원해 주신 미디어학부장 민영 교수님과 학부 교수님들, 그리고 온갖 행정 업무를 열정적으로 해 주신 서민주 선생님께도 감사의 인사를 드린다. 또한, 지난 미디어 루키스 체험기《미디어 루키스, 캘리포니아에서 미래를 보다》(2021)에 이어, 이번에도 원고의 최종 편집과 출판을 맡아 주신 나남출판사 조상호 회장님과 신윤섭 상무님의 노고에 감사드린다.

1985년 대학 내에 미디어랩을 창설한 제리 위스너Jerry Wiesner MIT 총장의 소회를 새삼 다시 떠올린다. "MIT 미디어랩은 테크놀로지를 통해 세상을 더욱 안전하고, 더욱 건강하고, 더욱 공정하고, 더욱 지속 가능하게 만들기 위해 시작됐다." 미디어 루키스 프로그램의 참가자들, 그리고 이 책의 독자들도 새로운 미디어 테크놀로지가 만드는 "가상과 현실의 사이에서", 보다 안전하고, 건강하고, 공정하고, 지속 가능한 세상을 만들기 위한 고민과 숙의를 계속하기를 부탁한다. 미디어학부생을 위한 미국 서부와 동부 프로그램은 만들어졌고, 이제 적절한 시기에 서유럽 미디어 루키스 프로그램을 기획하고자 한다.

2024년 3월
안암동 연구실에서
마동훈

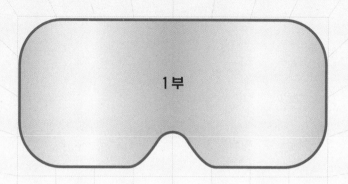

1부

가상
미디어의
미래

1

스케치하라!

김나영 미디어학부 20학번

전통적 방송 산업 너머의 미디어 커뮤니케이션

생각의 틀을 깨뜨려야 한다. 더 이상 미디어 커뮤니케이션 전공자를 PD와 기자로 한정해서 생각해서는 안 된다. 마케터나 기획자라는 직무까지 미디어 전공 영역이라고 넓히는 정도로도 부족하다. 미디어학과 커뮤니케이션학의 존재 이유를 더 광범위하게 조망해야 한다.

커뮤니케이션이란 사람과 사람 사이에 의사, 감정, 사고 등을 주고받는 일이다. 그리고 미디어는 이러한 커뮤니케이션을 매개한다. 라디오를 통해 소통하던 세상이 문자 메시지, 채팅, 영상 통화 그리고 실시간 비대면 회의로 소통하는 세상으로 바뀌는 데는 그리 오랜 시간이 걸리지 않았다. 인터넷 및 통신 기술 등의 발달로 미디어의 형태가 변화함과 동시에, 커뮤니케이션이 일어나는 범위도 크게 확장되고 있다. 미디어의 발전에 따라 커뮤니케이션의 형태가 바뀌는 것은 물론, 이전까지는 이어지지 못했던 사람들끼리 연결됨으로써 커뮤니케이션의 양도 크게 늘고 있는 것이다.

게다가 넓은 의미에서 커뮤니케이션은 '사람과 사람' 사이의 소통만 가리키는 것이 아니다. 사람과 집단, 집단과 집단, 사람과 세상, 심지어는 세상의 일각과 또 다른 일각 간에서도 커뮤니케이션은 얼마든지 일어날 수 있다. 그 결과, 비즈니스, 정치외교, 과학기술, 예술, 철학 등 다양한 분야에서 진보와 성과가 나타난다. 이를 인식한다면 비로소 커뮤니케이션이 일상적인 행위임과 동시에, 거시적 규모의 현상임을 이해할 수 있다.

적절한 필드끼리의 커뮤니케이션이 일어나고, 그 결과로 진보와 성과가 있는 곳. 그곳에는 재화와 사람이 늘 따르기 마련이다. 따라서 현대에는 이 '커뮤니케이션' 자체, 그리고 이를 다양한 방향으로 발산시키는 '미디어'의 효용을 정확히 꿰뚫어 보는 사람이 필요할 수밖에 없다. 정보의 범람 속 나에게 정말 필요한 정보를 찾아내고, 빅데이터 시대에 유의미한 데이터의 조합을 추출하여 정보화하는 것이 얼마나 영향력 있는 일인지를 떠올려 보자. 그러면 적절한 대상들, 그리고 그것들을 연결 짓는 효율적 방법을 찾는 미디어 커뮤니케이션 전문가의 중요성을 새삼스레 더듬어 볼 수 있다.

미디어 커뮤니케이션 전문가는 혁신적 테크놀로지를 어떻게 사회의 다른 부분에 융합시킬 것인지 고민하는 데서 특히 뛰어난 잠재력을 가진다. 이들은 세상의 변화에 엔지니어들과 비슷한 빠른 속도로 대응하는 데 익숙하기 때문이다. 미디어가 그 어떤 것보다도 신속하게 기술의 변화를 덧입으며 모습을 바꾼다는 것을 생각해 보라. 인쇄술이 발달하면서 텍스트 미디어가 널리 퍼졌고 라디오가 등장하면서 오디오 미디어가 대세가 되었다. 스마트폰이 대중화되자 이제 사람들은 넷플릭스와 유튜브Youtube의 알고리즘에 의해 선택된 콘텐츠를 소비한다. 최근에는 챗GPTChat GPT API를 이용한 챗봇Chat Bot 플랫폼을 통해 정보를 얻는다. 즉 미디어의 발전이 테크놀로지의 발전과 궤를 같이하고 있다.

따라서 거대한 테크 기업이 곧 거대한 미디어 기업으로 여겨지는 것이 몹시 자연스러워졌다. 이제 미디어학 전공생들은 대표적 미디어 기업으로 방송사뿐 아니라 네이버Naver, 카카오Kakao, 구글을 떠올린다. 하나같이 테크놀로지 베이스로 성장을 이룬 기업들이다. 미디어의 기술 친화적 속성으로 인해 미디어 전문가들은 이미 그 누구보다 쉽고 유의미하게 엔지니어들과 협업하여 가장 큰 시너지를 낼 역량을 내재하고 있다.

그러면서도 이들은 엔지니어가 미처 주목하지 못한 영역을 테크놀로지와 연결 지어 새로운 가치를 창출해낼 수 있는 역량을 갖추었다. 그 역량을 나는 뒤에서 스케치Sketch할 줄 아는 역량이라고 설명한다. 이 스케치 역량을 잘 갈고닦은 미디어 커뮤니케이션 전문가는, 엔지니어가 볼 수 없는 영역을 비교적 쉽게 짚어낼 수 있다. 엔지니어들의 관심사는 기술적으로 어려운 것을 구현하는 데 집중되어 있지, 스케치하려는 데 있지 않기 때문이다. 이에 더해, 앞으로의 미디어 커뮤니케이션 전문가는 데이터 사이언스 역량을 지닌다면 금상첨화일 것이다. 왜냐하면, 미디어의 파급력 및 효용에 대해서 잘 알뿐 아니라 원하는 가설을 구체적 수치로 검증해 낼 능력도 갖춘 것이기 때문이다.

결론적으로 변화를 선도하는 미디어 전문가가 되려면 테크놀로지를 공부해야 함이 자명하다. 따라서 진로를 고민하는 여러 미디어 전공생들이 이런 말을 내뱉는 것도 무리는 아닐 것이다. "나도 '파이썬Python' 공부를 해볼까 싶어." 그러나 어느 정도의 관심이나 당위성과는 별개로, 무엇을, 어디까지 공부하는 것이 적절한지 파악하기란, 그리 쉽지만은 않다. 멀리서 보면 기술은 한 뭉텅이로 보이기 때문이다. AI와 자율주행자동차, 웹 개발과 로봇 연구, 데이터 크롤링과 클라우드 기술. 이것들과 거리를 둔 채로 "세상이 변하고 있다"는 감각만을 느끼다 보면, 프로그래밍 언어를 배워야겠다, 이런 심플한 결심만 내리게 된다.

그러나 실상 위에 나열한 기술들은 서로 다르기 때문에 이것의 전문가이면서, 저것의 권위자이기도 한 사람은 많지 않을뿐더러, 미디어학과 관련한 대부분의 일은 파이썬을 잘하는 것과는 그리

유의미한 관계가 없다. 그럼에도 프로그래밍 언어를 배우는 것보다 더 쉽게 테크놀로지를 향한 공부의 물꼬를 트는 방법을 알아내기는 어려운 것도 사실이다. 반대로 테크놀로지 공부에만 매몰되는 경우에는 미디어적 시각을 놓치게 될 위험도 있다. 그렇다면 우리는 어떤 공부를, 어떻게 해야 좋을까?

2주간의 탐방에서 미국 동부의 유명 대학과 기업을 방문하여 미디어와 테크놀로지 사이에서 균형을 맞추어 공부하는 방법에 대한 힌트를 얻을 수 있었다. 인문학과 사회과학을 베이스로 테크놀로지에 접근할 때 어떠한 자세를 갖추어야 할까? MIT 미디어랩, 제일기획 뉴욕 본사, 〈뉴욕타임스〉 등 다양한 장소를 방문하면서 루키스가 얻은 인사이트를 본격적으로 살펴보기로 하자.

MIT 미디어랩, 완전히 새로운 판

우리는 먼저 MIT 미디어랩을 방문했다. 높은 천장 아래 색색의 구조물들로 창의력을 자극하는 공간이었다. 안타깝게도 내부 사진 촬영이 금지였지만, 오히려 그래서 더 주의 깊게 공간이 어떻게 구성되었는지를 살펴볼 수 있었다. 각자의 개성을 자랑하는 미디어랩 내 여러 연구실들 중에서도 '미래 스케치'Future Sketch'라는 이름의 연구 그룹이 사용하는 방이 뇌리에 남았다. 그 중앙에는 뉴욕 타임

MIT 내부에 위치한
미디어랩의 소개말.

스퀘어에 전시했다던 구조물이 버젓이 존재감을 드러내고 있었다.
미래 스케치 연구실 소속 대학원생 한 분이 전시 기간이 끝나며 사
무실 가운데로 옮겨온 것이라는 설명을 곁들여 주었다. 유명 미술
관에 배치되어 있어도 전혀 위화감이 없을 것 같은 그 위용에 미래
스케치에 대한 궁금증이 증폭되었다. 미래 스케치? 무엇을 스케치
한다는 것일까?

　MIT 미디어랩의 미래 스케치 연구실은 스스로의 정체성을
"Computer Science + Art Design = Tools"라는 한 줄의 수식으로
설명했다. 이 연구실에서 진행되는 프로젝트들의 인풋이 기술과
디자인 감각이고, 연구 과정을 거쳐 "Tools"라는 아웃풋이 나오는
셈이다. 여기서 이 툴에는 한 가지 설명이 덧붙여지는데, "Tools

that 'enable others' "가 바로 그것이다. 즉, 연구진의 목표는 이 프로젝트를 접한 다른 사람들이 이들과 같은 것을 느끼거나 더 큰 창의성을 개발하도록 영감을 주고, 결과적으로 그들 또한 창의적으로 행동할 수 있도록 하는, 일종의 교육 효과를 만들어 내는 것이다. 이는 본격적으로 창의력 향상을 위한 교육 툴을 제작하는 '평생유치원Lifelong Kindergarten' 연구실, 그리고 오디오를 통해 아이들이 더 창의적인 경험을 하길 바라는 '미래의 오페라Opera of the Future' 연구실의 목표와도 일맥상통한다.

특히, 미래 스케치 연구실에서는 "코드 스케치code sketch"라는 용어를 사용하고 있었다. '코드를 이용하여 이루어 낸 스케치'라는 글자 그대로의 뜻인데, 컴퓨터를 이용하여 손으로 생산하기 불가능할 정도로 복잡한 스웨터 패턴을 만들어 낸다든지, 자바스크립트Javascript를 통하여 패브릭 디자인을 하는 툴을 제작한다든지 하는, 여러 창의적 프로젝트들을 이 용어 아래 지칭했다. 나는 이 코드 스케치의 의미를 확장하여 사용하고 싶다. MIT 미디어랩에서 만난 이들의 열정 어린 눈빛과 프로젝트에 대한 설명에서 넓은 의미의 스케치를 포착할 수 있었기 때문이다.

'스케치'란 무엇인가? 직관적으로 말해, 머릿속 이미지를 펼치는 작업이다. 순수 예술의 영역이 될 수도 있고, 건축 도면이나 영상 콘티, 회로 설계, 제품 UI 구상 등 다양한 분야에서 스케치라는 단어가 사용된다. 영감의 순간을 휘갈기는 스케치부터 기획자와 디자이너, 개발자가 소통할 때 쓰는 커뮤니케이션 툴로서의 스케치까지. 생각해 볼수록 스케치가 포괄하는 영역은 매우 다양하다. 다양한 기능이 스케치라는 단어 안에 뭉뚱그려져 있는 것이다. 그렇다면 반대로 이 많은 기능을 한 단어로 묶는 스케치만의 기본 속성은 무엇인가? 나는 스케치의 근본 속성이 두 가지 측면에서 설명된다고 생각한다. 첫째, 아이디어의 발상. 둘째, 표현을 통한 '나' 외부 세상과의 커뮤니케이션. 그러니까 결국 어떤 아이디어를 '현실화'하여 타인이 그것을 알게 하는 행위 자체를 스케치라고 정의할 수 있겠다.

그렇다면 코드 스케치의 의미를 다음과 같이 확장해 볼 수 있다. 엔지니어의 영역이라고 여겨지던 코딩, 나아가 컴퓨터 테크놀로지를 본인의 독창적인 관심사와 창의적으로 연결 짓는 것. 그리하여 사회에 좋은 영향력을 미칠 아이디어를 스케치해 내는 것. 즉 현실화해 내는 것. 그것이야말로 내가 발견한 코드 스케치의 정의이며, 우리 미디어 전공생들이 필수적으로 깨우쳐야 하는 태도이다.

MIT 미디어랩의 설립 목적은 전공 간의 경계를 허물고, 다양한 배경의 인재들이 모여 다학제간多學際間 연구를 통해 혁신을 이뤄 내고자 하는 것이었다. 실제로 미디어랩 내 20여 개에 달하는 연구 그룹에는 혁신 의지로 똘똘 뭉친 각 분야의 전문가들이 모여 있으며, 이들은 어느 행정적 구분에도 얽매이지 않은 채 동심과 열정, 전문 지식을 무기로 독창적이고 영향력 있는 코드 스케치를 해내고 있다.

MIT에서 발견한
창의적 구조물.

이 모습을 정면교사 삼아 완전히 새로운 판 위에서 유연하게 생각하는 자세를 갖춘다면 새로운 가치들을 무수히 창조해 낼 수 있을 것이다.

메타의 '코드 스케치'적 의사결정 사례

뉴욕한국문화원 내 근사한 공간에서, 메타Meta에 재직 중인 박동진 마케터와 비대면 미팅을 진행했다. 스레드Threads가 출시된 지 한 달도 되지 않은 시점이었기에, 그와 관련한 이야기가 화두에 올랐다. 나는 텍스트가 아닌 이미지로 소통하는 세상이 올 것이라는 통찰에서부터 시작된 인스타그램Instagram과 달리, 다시 텍스트 기반으로 돌아간 것처럼 보이는 스레드를 출시한 이유가 매우 궁금했다. 메타가 생각하는 스레드의 포지셔닝에 대해 더 구체적으로 듣고 싶어 "왜 이 시점에 메타는 스레드를 론칭했는가?"라는 질문을 던졌다.

사실 나는 최근 일론 머스크의 트위터와 마크 주커버그의 페이스북 및 인스타그램의 경쟁 구도가 심화되면서 트위터와 유사한 스레드로 메타가 승부수를 던진 것이지 않을까 추측했다. 그런데 박동진 마케터의 답변을 들어 보니, 메타의 의사결정 논리에는 트위터의 유저를 유입하여 몸집을 불리려는 의도뿐 아니라 기술적 성장을 위한 이점까지도 고려한 코드 스케치적 의사결정 논리가 담겨 있음을 알 수 있었다.

먼저 큰 시각에서, 위에서 언급한 인스타그램의 등장 배경과 마찬가지로 메타는 소셜미디어 콘텐츠의 진화에 대한 주제를 항상 주시하고 있었다고 한다. 소셜미디어 콘텐츠의 진화란 텍스트에서 이미지, 비디오, 다음으로 VR/AR 콘텐츠를 주 콘텐츠로 하는 방향으로의 나아감을 뜻한다.

내가 놀란 것은 바로 이 대목이다. 최근 GPT 모델이 공개된 이후로 메타버스 관련 콘텐츠보다는 생성형 AI를 기반으로 한 '기계생성machine-generated'이 차세대 기술이 될 것처럼 보였고, 빠르게 대두되고 있는 텍스트 기반 생성형 AI관련 기술 개발에 필요한 자사 텍스트 데이터를 쌓기 위하여 텍스트 기반 SNS를 출시하자고 결정했다는 것이다. 이렇게 모인 텍스트 데이터를 활용한다면

2023년 7월 5일 출시된 메타의 텍스트 기반 SNS '스레드'.

머신 러닝Machine Learning 기법을 발전시키거나, 챗봇에 응용하는 등 향후 액션을 취하는 데 유의미한 도움이 될 것이라 판단했다고도 말씀하셨다.

이는 텍스트 데이터를 쌓은 자사 데이터베이스를 보유하는 것이 향후 성장에 있어서 얼마나 중대한 영향력을 가지는지를 이해하고 있을 때에만 가능한 의사결정이다. SNS가 가진 파급력을 이용하기 위해 미디어 효용론적 관점뿐만 아니라, 테크놀로지적 관점까지 경영 전략에 적용한, 메타의 코드 스케치적 의사결정이라고도 해석할 수 있겠다. 일류 마케터, 미디어 플랫폼 운영자, 경영 전략가가 테크놀로지 동향 및 인프라에 대한 이해를 모두 지녔을 때, 가치 있는 방향성이 만들어진다. 이 사례에서 세계적 미디어 테크 기업이 취하는 자세를 우리도 배울 필요가 있음을 다시 한번 느꼈다.

나만의 스케치를 하는 법

코드 스케치를 할 줄 아는 능력을 갖추기 위해서 구체적으로 어떤 테크놀로지 공부를 얼마나 해야 할까?

앞에서 단순히 파이썬과 같은 프로그래밍 언어의 문법을 익히는 것만으로 테크놀로지 공부를 시작하는 것은 추천하지 않는다고 밝혔다. 테크놀로지 공부에는 크게 두 가지 갈래가 있다. 첫째, 알고리즘적 사고, 즉 로직을 습득하는 공부와 둘째, 프로그래밍 언어, 즉 도구에 능숙해지기 위한 공부다. 후자가 아닌 전자를 익히는 데 총력을 기울여야 한다. 테크놀로지란 아주 빨리 변하기 때문이다.

10년 전 동적 웹 개발을 주도했던 플래시Flash는 자바스크립트로 완전히 대체되었다. 그러나 동적 애니메이션의 구현에 중요한 지점들을 파악했던 플래시 전문가들은 살아남았다. 플래시가 서비스를 종료하고 새로운 언어가 시장을 장악했더라도, 동적 웹 개발에 적용되는 시스템과 로직은 변하지 않았기 때문이다. 그를 이해했던 구시대의 플래시 전문가들은 '새로운 프로그래밍 언어'라는 툴만 다시 공부하면, 그들의 저력을 증명해 낼 수 있었다. 이렇듯 플래시의 몰락 사례로 얻을 수 있는 교훈은 우리가 열정과 창의력을 쏟아부어 익혀야 하는 것은 단순한 코딩 언어가 아니라, 테크놀로지를 내 것으로 받아들이기 위해 필요한 논리적 사고회로와 공부법이라는 사실이다.

알고리즘적 사고방식과 로직을 학습하는 것의 중요성은 이미 수많은 석학에 의해 익히 강조된 바 있다. 초보 학습자들에게, 컴퓨팅 환경에서 문제를 해결하기 위한 문제 해결 절차를 고안하고 프로그래밍하는 과정은 알고리즘적 사고와 사용하는 도구의 능숙함을 동시에 요구하고 있어, 학습에 부담을 발생시킨다.[1] MIT 미디어랩에서 개발한 블록 기반의 교육용 프로그래밍 언어 '스크래치Scratch'는 이러한 부담을 줄이기 위해 고안된 대표적 성공 사례다. 스크래치는 마치 게임과 같은 인터페이스로, 초보 학습자가 직관적으로 프로그래밍 개념을 받아들일 수 있도록 구성되었다. 이 경우 학습자는 프로그래밍 언어, 즉 도구의 조작법을 익힐 필요 없이 핵심적 알고리즘에만 집중할 수 있으므로, 인지적 부담이 크게 줄어든다.[2]

그 로직을 익히기 위해 미디어 전공생들에게 개인적으로 가장 추천하는 실질적인 방법은, 실현이 가능한지의 여부만을 따지는 것이 아니라 당장 본인만의 새 프로젝트를 기획하는 것이다. 스스로의 관심사와 열정을 백지 위에 마구 풀어놓아 보라. 그리고 그것을 현실화할 수 있는 기술을 찾으면 된다. 현재 미디어는 기술이라는 기

---

1 김용천·최지영·권대용·이원규(2013), "초등학생의 프로그래밍 학습을 위한 알고리즘적 사고 문제 모델 기반의 활동지 개발 및 적용", 〈정보교육학회논문지〉, 17권 3호, 233~242쪽.
2 송상수(2020), "미션 해결 프로그래밍 활동에서 문제 해결 시간에 따른 문제접근 방법 차이 분석", 석사학위논문, 고려대 대학원 컴퓨터교육학과.

반 위에 운영되기 때문에, 미디어 전공생들은 자신의 창의성을 키울 수 있는 재료가 혁신적인 변화의 속도만큼 무궁무진하다는 점을 인지해야 한다. 어떤 기술을 완벽히 운용할 수 있는지를 주목하지 말고, 어떤 기술이든 결심만 하면 배울 수 있는 것이라고 여기며 기획하는 자세가 필요하다. 사람은 풀고자 하는 문제와 비전이 있으면 그 문제를 해결하기 위해 필요한 정보를 공부하게 된다. 툴의 전문가가 되는 것에 얽매여 당신의 창의력을 소진하지 말고, 어떤 툴을 사용할 수 있을지 찾아내기 위해 공부하면 더할 나위가 없겠다.

이외에 알고리즘, 자료구조, 데이터베이스, 운영체제 등 본격적으로 컴퓨터학과 학생이 배우는 과목을 공부해 보는 것도 방법이다. MIT 미디어랩에서 컴퓨터 엔지니어링 기술자를 한 명 이상 반드시 필요로 한다는 것을 상기하면 이것도 좋은 방법일 수 있다. 혹은 '개발자' 직군의 커리어를 쌓는 사람들처럼 자바스크립트, 리액트React, 플러터Flutter, SQL 같은 기술 스택들을 공부해 볼 수도 있다. 인터넷의 수많은 자료를 참고한다면 접근 장벽이 굉장히 낮을 뿐더러, 내 손으로 직접 다양한 시도를 해 보며 개발 전반에 대한 감을 잡게 될 것이기 때문이다.

다만 '기술'이란 것은 너무도 다양해 같은 컴퓨터학 카테고리로 분류되더라도 그 종류는 천차만별이라는 점을 고려해야 한다. 이런 기술들을 대강 아는 정도로만 훑어야 할지, 깊게 파고들어 전문가가 되어야 할지도 고민거리로 다가올 것이다.

〈뉴욕타임스〉에 방문한 미디어 루키스.

　만약 이런 걱정들로 길을 잃은 상태라면, 애초에 나의 관심사에 어떠한 기술을 가져다 적용할 수 있는지에 대한 생각의 프레임 자체가 만들어져 있지 않은 것이라는 진단을 내릴 수 있다. 이 경우에는 먼저 테크놀로지의 관점에서 세상을 바라보는 것에 익숙해지기 위한 액션을 취할 것을 추천한다. '데이터 과학에 대한 공부'부터 착수해 보는 것도 좋은 방법이다. 데이터 과학은 특히 미디어 커뮤니케이션 전공생에게 반드시 도움이 될 역량이기 때문이다. 데이터 과학 역량이 대두되는 것은 하나의 사회적 흐름으로서 레거시 미디어 기업들의 모습을 통해서도 그 중요성을 확인할 수 있다.

　실제로 〈뉴욕타임스〉 본사에 방문했을 때, 눈에 띄었던 것은 데이터를 분석하고 시각화하는 직무의 존재였다. 또 〈뉴욕타임스〉는

제일기획 뉴욕 본사에 방문한 미디어 루키스.

진실truth과 정확성correctness을 그들만의 군건한 중심 가치로 강조하였는데, 자료를 조사, 분석하여 유의미한 그래프를 뽑아내고, 데이터를 기반으로 한 근거와 함께 사회 현상을 설명하는 과정은 사실만을 보도하는 데 있어 필수적이다. 데이터 분석 능력 없이는 저널리즘 정신을 논하기 어려운 시대가 도래한 것이다.

또한 굴지의 마케팅 기업인 제일기획 뉴욕 본사에 방문했을 때는 데이터 사이언스가 마케팅 분야에서 얼마나 큰 영향력을 가지게 되었는지 알 수 있었다. 마케팅 분야에서는 거의 근본적인 부분에서부터 대변혁이 일어난 수준이었다. 이전의 마케팅에서는 카피라이팅과 스토리텔링, 즉 '콘텐츠'를 잘 만드는 것이 가장 중요했다면, 현재는 콘텐츠가 가진 퀄리티보다는 데이터 분석을 통해 '콘텐츠를 어떻게, 누구에게 전달하느냐'를 예리하게 결정하는 것이 성패를 가르는 주요인이 되었다는 것이다. 이제 어떤 메시지를 어떤 스토리로 전달하느냐보다, 어느 테크 기업을 인수하여 정확한 타깃에게 가장 효과적인 방법으로 전달할 수 있느냐를 고민한다는 말이 매우 인상적이었다. 실제로 여러 기업에서 데이터 애널리스트와 마케터는 같은 직무를 가리킨다고 한다.

이러한 추세에 부응하여 데이터 사이언스 역량을 키우는 것을 소홀히 하지 않는다면, 앞으로의 세상에서 분명 더 많은 기회를 포착할 수 있을 것이다. 데이터로 세상을 읽을 줄 아는 사람으로 성장한 다음이라면 코딩과 프로그래밍 언어를 통한 작업에도 거리낌이 없어질 것이다. 어떤 테크놀로지를 나의 관심사에 끌어올지를 파악하는 것 역시 한결 쉬워진다. 데이터와 관련된 기본적 소양을 갖추는 것은 본인이 꿈꾸는 비전에 따라 다음 노선을 선택하는 일에 밑바탕이 되어줄 것이다.

다만 이러한 성장을 이루기 위해 무엇보다 중요한 것은 테크놀로지를 나와 동떨어진 것으로 보지 않고, 스스로의 삶과 밀접한 것으로 여기며 관심을 기울이는 태도겠다. MIT 미디어랩의 디자이너는 지금껏 공학 공부를 해보지 않았다 해서 테크놀로지를 자신이 할 수 없는 것으로 여기지 않는다. 컴퓨터 사이언스의 백그라운드를 가진 엔지니어도 자신이 뛰어들 프로젝트에 심리학 공부가 필요하다고 여기면 심리학을 공부한다. 어떤 교육자는 기술 공부를 하고 어떤 기술자는 경영 공부를 한다. 마찬가지로 내가 꿈꾸는 '스케치'를 실현하는 데에 필요한 역량이 있다면 그게 무엇이든 가리지 않겠다는 열린 마음가짐을 지녀야 한다. 그 역량이 대개 테크놀로지와 관련이 있을 가능성이 높을 뿐이다.

뉴욕시립대학CUNY의 저널리즘 스쿨이나 보스턴대학BU의 이머징 미디어랩, 펜실베이니아대학UPenn의 미디어 커뮤니케이션 랩 등에서 만난 학생들도 하나같이 '지금까지 해온 것'이 아니라 '앞으로의 비전'으로 자기 자신을 정의했다. 세상의 다양한 것들과 융합되어 최고의 시너지를 낼 수 있는 미디어 그리고 커뮤니케이션을 공부하는 사람이라면 더욱 그런 태도를 견지하여야 한다. 그럼 이만 다음과 같은 말로 지난 2주간의 특별한 여정을 마무리하고 싶다.

두려워 말고, 모두들 "Be the Sketchers!"

2

VR/AR 콘텐츠,
실질적 활용 방안을 들여다보다

김강민 미디어학부 19학번

최근 기술의 발전은 나에게 기대감보다는 막연한 두려움, 조급함으로 다가오는 경우가 많았다. AI를 필두로 흔히 '4차 산업혁명'이라고 일컫는 기술을 알고는 있으나, 이를 제대로 활용하지 못하고 있다는 생각이 많이 들었기 때문이다. 지금의 미디어 업계도 기술 발전에 따른 변화와 혼란을 직면하고 있다. AI의 활용 범위가 넓어지며 미국 영화 산업의 본산 할리우드에서 배우, 작가진의 파업이 진행되고 있다. 또한 '오큘러스'를 필두로 본격화된 HMD$^{Head\ Mounted\ Display}$ 시장에 애플이 도전장을 내밀면서 XR$^{eXtended\ Reality}$ 콘텐츠 대중화도 머지 않은 듯하다.

이러한 시기에 진행된 이번 미디어 루키스 프로그램은 미국 미디어의 최선두에서 연구하고 활동하는 분들을 직접 만나면서, 내가 막연하게 느껴 왔던 분야의 구체적 실체와 변화 양상에 대한 견문을 넓힐 수 있는 기회였다. 특히 이번 여정을 통해 크게 깨달은 점은 기술 발전과 함께 언제나 '나는 그 기술을 가지고 무슨 이야기를 하고 싶은가?'라는 질문을 스스로에게 던지는 태도이다. 당장 새로운 기술에 대한 지식을 학습하는 데에만 급급해서는, 내가 생각하는 좋은 콘텐츠를 만들 수 없다고 느꼈다. 따라서 기술에 대한 공부도 중요하지만 그와 동시에 나 스스로의 이야기를 쌓고, 사회에 필요한 것이 무엇인지를 고민하고, 기술을 어떻게 윤리적으로 활용할지 검토하는 과정이 필요하다는 사실을 배웠다.

나는 콘텐츠 기획과 제작에 특히 많은 관심을 가지고 있었기에 평소에도 XR 기술이 미디어 콘텐츠에 어떻게 활용되는지 꾸준히 살펴보고 있었다. 그리고 이번 미디어 루키스 프로그램의 주제가 "가상 미디어 시대의 탐구"였던 만큼, 관련 기술의 연구와 활용을 선도하는 곳들을 방문했으며, 이를 통해 인사이트를 얻을 수 있었다. 그래서 나는 이번 여정에서 방문한 〈뉴욕타임스〉와 펜실베이니아 VR랩을 포함해, 각 분야에서 나름대로 자신의 답변을 가지고 XR 기술을 풀어낸 콘텐츠들에 대해 이야기해 보려고 한다. 짧은 글이지만 잠시나마 더욱 빨라질 기술 발전 속도를 앞두고, 그 기술을 어떻게 활용할 것인지 고민해 보는 시간이 되었으면 한다.

〈뉴욕타임스〉의 〈난민〉,
XR 기술을 저널리즘에 녹이다

우리는 예능이나 드라마나 영화나 유튜브 영상 클립 등을 통해 여러 감정을 느끼지만, 극적인 비극을 본 뒤에도 대체로 별 탈 없이 일상으로 복귀한다. 숱한 미디어 콘텐츠가 주는 카타르시스 기능은 어제의 내가 변함없이 오늘의 나로 살아갈 수 있도록 안정화 역할을 한다. 라캉은 이런 안정화를 비난했다. 안정화란 "어제와는 다른 내가 될 수 있는 가능성을 차단하면서 우리의 마음을 고착시키는 부정적인 것"일 수 있기 때문이다. 《속지 않는 자들이 방황한다》에서는 그걸 '살균된 슬픔'이라고 표현했다.

– 이슬아, 《부지런한 사랑》 중에서

뉴스를 통해 접하는 소식들은 우리로 하여금 다양한 감정을 불러일으킨다. 기후 위기 문제에는 안타까움을, 파렴치한 범죄자들에 대해서는 분노를, 의인의 일화에는 아직 세상은 살 만하다며 왠지 모를 뭉클함을 느끼기도 한다. 하지만 그 순간뿐, 우리는 다시 바쁜 일상으로 돌아간다. 우리는 전 세계의 다양한 소식을 그 어느 때보다 손쉽게 접할 수 있는 세대를 살아가고 있다. 하지만 동시에 스와이핑swiping 몇 번이면 넘어가는 뉴스들을 화면으로 마주하면서, 우리는 영화나 드라마를 시청하는 관객의 입장에 가까워진다. 뉴스 하나하나에 담긴 사람들의 이야기가 손쉽게 타자화되는 순간이다.

그렇다면 미디어는 이런 문제를 어떻게 해결할 수 있을까? 〈뉴욕타임스〉는 XR 기술에서 나름의 해법을 찾았다.

2015년 11월, 〈뉴욕타임스〉는 자체 VR앱인 'NYT VR'을 출시했다. 동시에 구독자들에게 구글 카드보드 VR 헤드셋을 제공하면서 첫 번째 360도 비디오인 〈난민The Displaced〉을 공개했다. 〈난민〉은 세 난민 어린이의 모습을 담은 다큐멘터리로, 전쟁으로 발생한 난민의 생활을 360도 카메라로 담았다. 2015년 8월부터 6주간 남수단, 레바논, 우크라이나 세 곳에서 촬영했다. 영상에는 전문 기자의 리포트 없이 어린이들의 내레이션과 그들의 생활상이 고스란히 담겨 있다.

〈뉴욕타임스〉의 XR 콘텐츠를 통해 독자들은 전통 다큐멘터리의 정형화된 직사각형 프레임에서 벗어나 영상에서 전해지는 이야기를 더욱 실감 나게 느끼며 더 이상 정보 수용의 수동적 객체가 아닌 주체가 된다. 촬영된 영상 속에서 시청자마다 중점적으로 살펴볼 수 있는 부분이 다르기 때문에 같은 콘텐츠를 시청하더라도 수용하는 내용이 각기 다를 수 있으며, 이는 시청자가 기존의 방식보다 더 주체적으로 정보를 받아들이도록 만든다. 스토리텔링storytelling이라는 전통적 매체의 정보 전달 방식이 수용자의 주체적 선택과 결합하여 '스토리리빙storyliving' 방식으로 변화하는 것이다.

360도 영상으로 촬영된 난민의 생활 모습을 간접 체험하면서 시청자는 그 어떤 뉴스 리포트보다 생생히 난민 생활의 고통과 처지를 이해하게 된다. 실제로 VR 뉴스가 현장감, 상호작용감, 그리고 몰입감 등에 있어서 2차원 뉴스보다 더 우수한 효과를 가지는 것으로 분석한 연구가 존재한다.[1] 또한 현장의 모습을 있는 그대로 살펴볼 수 있다는 점에서 정보 전달의 투명성을 확보한다. XR 기술이 저널리즘 분야에서 높은 활용 가능성을 인정받는 이유이다.

사실 〈뉴욕타임스〉가 XR 기술을 스토리 전달 방식으로 채택한 것은 어쩌면 그리 놀라운 일이 아닐지 모른다. 그들은 '어떻게 이 기술을 활용할 것인가?'에 대한 답으로 '우리는 진실을 추구하고 사람들이 세계를 이해하도록 돕는다We Seek the Truth and Help People Understand the World'라는 사명하에 본래 자신들의 지향점을 이어나간 것뿐이기 때문이다. 이번 〈뉴욕타임스〉 본사와의 질의응답에서도 〈뉴욕타임스〉는 "VR, AR 같은 기술을 적극 수용하고 뉴스의 본질을 실현하는 도구로 활용할 무한한 가능성을 열어 놓고 있다"는 답변을 받았다.

또한 〈난민〉 공개 당시 〈뉴욕타임스〉 VR 보도 전략 총괄자 제이크 실버스테인Jake Silverstein 편집장도 한국 언론과의 인터뷰에서 "우리는 전쟁 현장이나 우주처럼 이용자가 직접 갈 수 없는 모든 장소를 VR로 생생하고 투명하게 전달하는 것이 최종 목표"라고 말하기도 했다.[2] 〈뉴욕타임스〉는 이후에도 지속적으로 XR 기술을 활용한 뉴

---

1 정성욱·이준환(2022), "VR 뉴스는 메타버스metaverse 시대의 새로운 저널리즘이 될 수 있을까?: 저널리즘의 원칙과 가치 구현을 중심으로", 〈방송통신연구〉 통권 120호, 한국방송학회, 164~199쪽.
2 이서희, "뉴욕타임스, 독자를 난민촌에 던져 넣다", 〈한국일보〉, 2016. 2. 12.

스 콘텐츠를 발행했다. 2018년 평창 동계올림픽 기간에 맞춰 피겨 스케이팅 선수 네이선 첸, 스노보드 선수 안나 가서, 쇼트트랙 선수 J.R. 셀스키, 하키 선수 알렉스 리그스비 등 총 4명의 선수 모습을 AR 콘텐츠로 구현하여 방 안에서도 그들의 모습을 볼 수 있는 콘텐츠를 제작했다. AR 인스타그램 필터를 제작하여 뉴욕 브롱스에서 발생한 건물 화재 사고 현장의 매연을 재현함으로써 그 심각성을 보여주는 등 XR 기술을 활용한 저널리즘의 다양한 시도를 이어가고 있다.

〈뉴욕타임스〉의 XR 콘텐츠는 독자를 단순히 정보의 수용자, 객체로 보는 것을 넘어 직접 정보를 체험하고 현실의 상황을 마주하는 주체로 변화시키고 있다. 여기에는 수용자에 대한 높은 이해도와 뉴스를 향한 관심이 우리 사회의 긍정적인 변화를 주도하리라는 믿음이 바탕이 되었을 것이다.

펜실베이니아대학 VR랩: 기술 발전에 대한 사회학적 연구의 중요성

2022년 기준으로 미국에서 XR 기술 연구가 가장 활발하게 진행되고 있는 분야는 무엇일까? 의학, 엔지니어링, 컴퓨터공학이 대부분을 차지하며 단 5%만이 사회과학 분야의 연구라고 한다. 이러한 연구의 실태에 우려를 표하는 기관이 있다. 바로 펜실베이니아대학 에넌버그 커뮤니케이션 스쿨 소속의 VRCoLAB(이하 VR랩)이다.

VR랩에 대해 소개하는 카테리나 기르기노바 교수.

펜실베이니아대학 에넌버그 커뮤니케이션 스쿨은 이번 프로젝
트 마지막 일정으로 방문하게 된 곳이다. 60년이 넘는 전통을 자랑
하며, 미국에서 가장 오래된 커뮤니케이션 관련 학과 중 하나다. 특
히 앞서 언급한 XR 기술을 연구하기 위한 별도의 연구센터, VR랩을
두고 있다는 게 큰 특징이다.

2018년 박사과정을 마치고서 연구를 이어가고 있는 카테리나 기
르기노바Katerina Girginova를 통해 VR랩과 현재 진행 중인 프로젝트들
에 대한 설명을 들을 수 있었다. VR랩은 우리 사회에서 사용되는 XR
기술에 대해 창의적이면서 비판적인 관점을 가지고 펜실베이니아
대학의 다른 학과는 물론 지역 사회와도 협업한다. 더불어 미디어
분야에만 국한하지 않고 XR 기술의 활용 가능성과 사회, 윤리적 활

용 방향성까지 살피는 종합적 연구를 진행한다.

  VR랩은 올해 5월 〈가상 사회 문법 *Social Grammars of Virtuality*〉이란 온라인 출간물을 통해 2022년에 발행된 사회과학 분야의 XR 연구에 관한 1,457개의 논문을 분석하여 총망라했다. XR 연구에서 주로 활용되는 언어의 정의에 대한 합의, 자주 사용되는 연구 방법 등을 분석하여 정리해 둔 것으로 해당 출간물의 분석 결과에서 기르기노바는 특히 전체 XR 연구 중 사회과학 분야의 연구가 차지하는 비중이 약 5%밖에 되지 않는다는 점을 지적한다.

  여타 분야에서 XR 연구는 주로 '기술의 효용'에 치중하는 반면에 사회과학적 연구는 '누가, 어떻게 그 기술을 활용하고 있고, 활용해야 하는지'에 대한 비판적 이해를 목적으로 하는 경우가 많다.

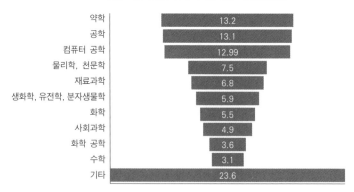

XR 기술 관련 연구의 분야별 비중(2022)

약학	13.2
공학	13.1
컴퓨터 공학	12.99
물리학, 천문학	7.5
재료과학	6.8
생화학, 유전학, 분자생물학	5.9
화학	5.5
사회과학	4.9
화학 공학	3.6
수학	3.1
기타	23.6

출처: Katerina Girginova, Matthew O'Donnell(2023. 5. 19). "XR Knowledge Mapping Review", *Social Grammars of Virtuality* (1). Annenberg School for Communication.

AR 기술을 적용한 포스터.
QR코드를 스캔하면 아이 어머니가
자녀에게 백신을 접종시키려는
이유를 설명하는 영상이 재생된다.

곧 XR 기술에 대한 사회과학적 연구가 개인과 사회에 미칠 영향을 이해하는 기준이 되고 이는 윤리적이면서도 효과적인 XR 경험의 핵심이 되는 것이다. 따라서 사회과학적 연구가 지속적으로 이어져야 기술 발전의 윤리적 공백을 메우고 그 방향성을 올바르게 주도할 수 있다고 주장한다.

또한 그에게서 현재 준비 중인 프로젝트에 대해 들을 수 있었는데, 그중 AR 기술을 활용한 공공캠페인 포스터가 가장 기억에 남는다. 필라델피아는 인종별, 거주 지역별로 의학 체계에 대한 경험이나 신뢰 정도가 천차만별이라, 코로나19 백신 개발 이후에도 백신 접종률이 여전히 낮은 편이라고 한다. 따라서 필라델피아 지역

사회의 큰 과제 중 하나가 미접종 인구의 인식을 전환하여 접종률을 높이는 것이다.

VR랩은 이에 대한 해결책으로 펜실베이니아 의과대학과 협업하여 AR 기술을 적용한 포스터를 제작했다. 포스터에 있는 QR코드를 휴대전화로 인식하면 포스터 속 인물이 자신이 혹은 자기 가족이 백신을 접종하는 이유를 설명하는 영상이 재생된다. 이는 연령, 성별, 직업군에 따라 다양한 종류로 제작되어 백신 접종률이 낮은 지역에 배포될 예정이라고 한다. 해당 포스터는 AR 기술을 통해 사람들의 관심도를 높이고, 공감을 일으키는 방법으로 캠페인의 메시지를 전하고 있다. 무엇보다 인상적이었던 건 이 프로젝트의 목적이 지역 사회의 공익이라는 점이었다. 앞서 기르기노바가 지적한 XR 기술 활용에서 사회과학적 연구의 필요성에 부응하기라도 하듯, 해당 캠페인에서 AR 기술은 사람들이 보다 원활하게 소통하고 쉽게 정보를 이해할 수 있는 매개체 역할을 하게 된다.

VR랩은 위 사례 외에도 세계 각지에 흩어진 유물을 3D 스캔하여 VR 환경에서 이를 조합해서 복원하는 프로젝트, 의사들의 수술이나 환자 응대를 트레이닝할 수 있는 360도 수술실 영상 제작 프로젝트 등 간학문적 연구를 통해 지금도 XR 기술을 필요로 하는 곳을 모색하고 있다. 활용되는 분야는 달라도 VR랩의 모든 프로젝트는 '우리가 사용하는 기술이 누구에게 어떤 영향을 주는가?', '우리는 사회과학도로서 이 기술을 어떻게 사용해야 하는가?'라는 본질적 질문을 공통으로 품는 듯하다.

　이번 방문을 통해 실제로 기술이 사용되고 발전하는 현장 이면에 기술 사용의 방향성과 사회적 의미를 연구하는 사람들의 중요성을 깨달을 수 있었다. 그저 적게만 보이던 XR 관련 사회과학 연구의 수는 어쩌면 '앞으로 우리가 마주할 사회가 얼마나 사람의 가치를 소중히 여기고 서로 잘 소통하는지를 나타낸 수치가 아닐까?' 라는 생각이 들기도 했다. 다시 한번 기술의 효용만큼이나 그 쓰임과 역할에 대한 고민을 멈추지 말아야겠다고 다짐했다.

'네이버 나우'의 'Party B': K-pop 퍼포먼스에 XR을 더하다

사용자에게 높은 수준의 몰입감을 선사하는 XR 기술은 단연 음악, 스포츠, 게임 등 엔터테인먼트 분야에서 활발히 활용되고 있다. 특히 팬데믹 시기에 대면 콘서트나 스포츠 경기를 관람할 수 없게 되면서 성장한 비대면 콘텐츠에 적극 활용되고 있다.

　국내 엔터테인먼트업계를 살펴보면, 2022년 7월 블랙핑크가 K-pop 가수 최초로 온라인 게임 〈배틀그라운드〉에서 인게임 In-Game 콘서트를 통해 신곡을 선보였고, 2020년 10월에는 방탄소년단이 XR 기술을 접목한 온라인 콘서트 〈MAP OF THE SOUL

ON:E〉을 통해 이틀간 191개국 약 99만 명의 관객을 모았다. 이처럼 국내에서는 K-pop의 공연 문화를 중심으로 XR 기술을 활용하는 시도가 적극적으로 이루어진다.

'네이버 나우'에서 진행한 XR 콘서트 'Party B'(이하 파티 B)도 그 일환이다. 파티 B는 아티스트가 가상배경에서 퍼포먼스를 펼치는 콘텐츠로 아티스트의 퍼포먼스에 가상배경을 실시간으로 합성해 송출하는 라이브 쇼다. 크로마키 기법과 XR 기술을 적용해 실시간 라이브 방송에서 새로운 가상공간이 재구성되는 방식으로 현실에서 구현하기 어려운 우주 공간이나 사막 등, 아티스트의 콘셉트에 맞는 초현실적 공간을 배경으로 공연이 이루어진다. 팬데믹 시기 오프라인 로케이션의 한계를 가상환경이라는 새로운 돌파구로 해결한 사례이다. 제작진과 아티스트 모두가 만족할 수 있는 가상배경을 제작하면서 K-pop 팬들에게서도 좋은 반응을 이끌어냈다.

K-pop 공연문화에서 XR 기술이 빛을 발하는 것은 최근 K-pop의 발전 경향성 가운데 하나인 '세계관 정립'과도 관련이 있다. 아티스트가 단순히 가창과 안무를 소화하는 퍼포머performer의 위치를 넘어 특정한 서사와 세계관 속에서 롤Role을 가진 인물로 그 역할이 확대된 것이다. 대중에게 설득력 있는 세계관을 전달하기 위해서는 해당 세계관의 탄탄한 구성뿐만 아니라 뮤직비디오, 앨범 콘셉트 아트 등을 통해 시각적인 요소 또한 잘 갖추어져야 한다. XR 기

술이 공연 문화에도 도입되면서 아티스트와 소속사는 공연상황에서도 해당 곡, 앨범의 콘셉트와 세계관을 효과적으로 전달할 수 있게 된다. 메타버스, 초능력 등 다소 직접적으로 이해하기 어려운 세계관부터 한 권의 소설책을 읽는 듯한 깊은 서사가 담긴 세계관까지 XR 기술을 통해 시각적으로 실감 나는 구현이 가능해지면서 더욱 설득력 있는 K-pop 콘텐츠가 늘어나는 추세다.

파티 B와 같은 XR 엔터테인먼트 콘텐츠의 등장은 방송 콘텐츠 변화의 흐름 속에서도 그 의의를 찾을 수 있다. 전통적 방송 콘텐츠 시장에서 촬영, 편집 장비의 보급과 각종 플랫폼의 성장으로 방송 형태가 변화했고 이제 앞으로는 시청자와 소통하는 것을 넘어 시청자의 의도나 취향이 개입된 참여형 콘텐츠가 활발히 생산될 것이다. 최근 열린 XR 콘서트 등도 그 사례로, 기술을 접목함으로써 앞으로 펼쳐질 다채로운 엔터테인먼트 콘텐츠의 초기 시도로 볼 수 있다. 특히 최근 K-pop을 시작으로 한국에서 제작된 드라마, 웹툰, 뮤지컬 등이 해외에서 인기를 끌며 해당 IP를 활용한 미래 콘텐츠 산업의 가능성은 무궁무진하다.

위 세 가지 사례를 통해 우리는 XR 기술의 활용에 대한 여러 측면을 살펴보았다. 다양한 XR 콘텐츠를 시도하며 저널리즘의 새로운 변화를 이끌고 있는 〈뉴욕타임스〉, XR 기술의 사회과학적 연구의 필요성을 강조한 펜실베이니아대학 VR랩, 그리고 K-pop 시장에서의 활용 가능성을 엿볼 수 있었던 네이버 나우의 파티 B까지.

앞으로 세상에 나올 XR 기술을 활용한 콘텐츠들이 "신기하다!"는 반응에만 그치지 않고, 지속적으로 소비되는 콘텐츠가 되기 위해서는 결국 '무엇을 콘텐츠화할 것인가?'에 대한 물음을 끊임없이 이어가야 할 것이다. 또한 XR 콘텐츠를 향유하기 위해 필요한 HMD 등 하드웨어 기술의 발전에도 계속해서 관심을 가지고 HMD의 대중화와 함께 어떤 콘텐츠를 사람들에게 제공할지에 대한 고민도 동반되어야 하겠다.

이번 미디어 루키스 프로그램을 통해 학계, 산업계에서 자신만의 답을 써 내려가고 있는 사람들을 만나면서 '그래서 나는 무슨 이야기를 하고 싶은 사람이지?'라는 고민을 많이 했다. 세상이 정해둔 답안을 외우며 좇는 것이 중요한 게 아니라 자신만의 답을 생각하는 시간이 필요하다고 느끼며 나도 언젠가 그 답변을 써 가는 사람이 될 수 있을 거라는 자신감 또한 얻게 되었다. 이제 이 글을 읽는 당신에게 질문을 던져 본다.

"당신은 무슨 이야기를 하고 싶은 사람인가?"

3

가상현실이라는 무한한 재료

백세인 미디어학부 20학번

공간을 극복한 공간, 시간을 극복한 시간.[1] 나는 미술관에서 처음으로 가상현실Virtual Reality, VR 기술을 접했다. 호기심에 착용한 HMD와 컨트롤러는 전혀 다른 세상으로 나를 이끌었다. 이전까지 경험한 미술관과 달랐다. 햇살이 들어오는 부산의 한 미술관에서 저녁 노을이 지는 바닷가 옆 미술관에 도착이었다. 내부에는 디지털화된 작품이 공중에 떠 있고, 컨트롤러를 누르면 작품해설이 나타났다. 비디오아트 속 오브제가 작품 바깥으로 나와 있기도 했다. 처음으로 접한 가상현실은 그야말로 강렬하고 인상 깊었다.

이번 미디어 루키스 프로그램명인 "가상 미디어 시대의 탐구"를

---

1   "공간을 극복한 공간, 시간을 극복한 시간", 〈전시주제〉, 2021. 부산시립미술관 전시 〈오노프〉의 두 가지 주제 이름.

읽고 그때 그 미술관이 가장 먼저 떠올랐다. 그로부터 2년이 지난 현재, 미디어 기술을 이끄는 미국의 VR 기술 발전 정도와 활용 분야가 궁금해졌다.

먼저, 가상현실은 디지털로 구상한 가상공간에서 학습자가 현실과 같은 경험을 하도록 만드는 기술이자 공간 그 자체를 뜻한다. 가상현실은 컴퓨터로 3D 가상환경을 만들고, 다양한 디스플레이와 인터페이스를 사용하기 때문에 이용자 몰입도가 높은 편이다. HMD를 착용해 현실과 분리된 가상공간만 보이므로 체험을 중시하는 분야에서 주로 활용한다. 실제 환경과 유사한 가상현실에서 이용자는 컨트롤러 같은 기기로 대상물들과 상호작용할 수 있다.

HMD는 안경처럼 머리에 착용해 사용자의 눈앞에서 영상을 보여 주는 장치로, VR을 이용하기 위해 필요하다. 대표적인 HMD는 메타(옛 페이스북)의 '오큘러스퀘스트 2'가 있으며 2021년 기준 약 1,000만 대를 판매했다. 메타는 하드웨어와 함께 콘텐츠를 개발하고 있으며, 애플은 최근 '애플비전프로'를 발표해 VR 헤드셋 시장에 뛰어들었다. 또, HMD와 함께 컨트롤러를 사용하는데, 이는 단순히 보는 것을 넘어 사용자가 가상현실에 참여하도록 돕는다.

우리는 이번 미디어 루키스 프로그램에서 미국을 방문하여 LG 뉴저지 지사에 있는 LG과학관과 펜실베이니아대학 VR랩에서 가상현실과 다양한 디스플레이를 접했다. VR랩에서는 궁금했던 오큘러스퀘스트 2를 체험할 기회가 주어져서, 나는 누구보다 빨리 손을 들었다.

기기를 직접 사용해 볼 생각에 강의실로 들어선 순간부터 설레던 기억이 난다. 인터넷과 책에서만 보던 VR 기기를 직접 만져 보고, 착용해 보고 싶은 마음이 컸기 때문이다. 호기심 가득한 눈으로 가상현실을 체험하며 느낀 점과 내가 생각하는 앞으로의 VR 기술 활용 분야를 정리해 이 글에 담았다.

VR을 활용한 제품 체험

현재 다양한 기업이 제품 홍보에 가상현실을 활용하고 있다. 현실과 비교할 때, 가상현실이 주는 이점은 과연 무엇일까? 먼저, VR 체험을 통해 소비자들은 제품을 다각도로 경험하며, 오프라인에서는 설명을 듣기 어려운 기술 정보를 수월히 파악할 수 있다. 가전제품의 경우, 소비자는 제품이 자신의 집과 비슷한 환경에서 조화를 이루는지, 공간을 얼마나 차지하는지를 손쉽고 빠르게 파악한다.

이러한 경험은 소비자가 스스로 제품을 사용하는 장면을 자연스레 상상하게 만든다. 지금은 체험관이나 매장에만 HMD가 설치되어 있지만, 미래에 VR 기기가 보편화된다면 바쁜 현대인은 가상현실을 통해 언제 어디서든 제품을 체험하고 구매할 수 있을 것이다.

HMD는 아직까지 스마트폰이나 다른 전자 기기처럼 보편화되어 있지 않기 때문에, 일부 기업은 HMD를 사용하지 않고 모바일로 접속 가능한 가상현실에서 제품을 홍보하고 있다. 삼성전자는 메타버스 환경에서 가전제품의 기능과 디자인을 확인할 수 있는 '비스포크 홈 메타' 서비스를 시작했다.

이 서비스는 고객이 실제 자신의 집과 유사한 환경 안에서 원하는 가전제품을 선택해 다양한 방식으로 시뮬레이션해 볼 수 있다. 삼성 디지털 플라자 4개 매장에서는 VR 체험형 디바이스를 사용 가능하며, 전용 사이트를 통해 태블릿이나 모바일에서도 쉽게 접속할 수 있다.

이와 달리 HMD, 컨트롤러와 같은 디스플레이를 사용해야 하는 제품도 있다. 가전제품 기업 다이슨^{Dyson}은 최근 가상매장인 '다이슨 데모 VR'을 새롭게 선보였다. 오큘러스 스토어에서 앱을 설치한 후에 메타 퀘스트와 컨트롤러를 연결해 제품 시연 및 성능 확인이 가능하다.

다이슨 이커머스 디렉터인 션 뉴마치^{Sean Newmarch}는 "VR을 통해 그간 기술 및 제품 개발에 적용되었던 동일한 기술을 활용해 고객에게 다이슨의 제품은 어떻게 작동하는지, 차별점이 무엇인지 더욱 효과적으로 전달할 수 있게 되었다"며 앞으로 가상현실을 적극적으로 활용하겠다는 의사를 밝혔다.

우리는 LG 뉴저지 지사에 있는 LG과학관에도 방문했다. 과학기술을 놀이로 풀어낸 이곳에는 직접 그린 물고기를 띄울 수 있는 큰 스크린과 청소를 재미있는 게임으로 만드는 바닥 디스플레이 등이 있었다. 그중 단연 눈에 띄는 것은 '전기차 구동 시뮬레이터'였다. 이 장치는 사용자가 가상현실을 통해 전기차 운전을 체험하고, 자동차가 미래 환경과 어떻게 상호작용하는지 등을 전반적으로 깨닫게 한다. 나는 앞에 놓인 HMD를 이용해서 미래 세계로 건너갔다.

현실에서는 앞좌석만 있는 체험 기기지만 가상현실 속 자동차는 온전한 형태였다. 신기한 마음에 고개를 360도 돌리며 보니 자동차의 뒷부분은 물론, 도시 모습까지 완전했다. 차창 왼편에는 친구의 전화가 뜨고, 날씨 정보와 주변 건물에 대한 정보가 뒤이어 나타났다. 전기차의 구동방식뿐 아니라 다른 미래 기술과 상호작용하는 모습을 보여 주는 것이 인상 깊었다.

기존 소비자는 자동차가 도로에서는 어떤 모습인지, 다른 기술과 합쳐지면 어떤 상승효과를 내는지 생생하게 경험하지 못한다. 가상현실을 활용하면 현실의 한계를 넘어 소비자에게 이러한 상상의 영역까지 보여 줄 수 있다.

그러나, 가상현실 콘텐츠에 따른 부작용도 존재한다. 체험이 종료된 후 나와 동승자는 두통과 함께 속이 좋지 않았는데, 이러한 증상을 'VR 멀미VR sickness'라고 한다. 원인과 증상은 차량이나 배에 탑승했을 때와 유사하다. 눈은 이용자가 이동하고 있다고 뇌에 알리지만, 귓속의 평형기관은 이용자가 움직이지 않는다고 알린다.

LG과학관에서 '전기차 구동 시뮬레이터'를 체험하고 있다.

감각의 충돌은 현기증을 발생시키며, 이는 VR 기기의 큰 단점으로 꼽힌다. 현실에서 나타나지 않는 어지러움과 메스꺼움이 VR 제품 시연에서 나타난다면, 소비자는 제품에 부정적으로 반응할 가능성이 있다.

VR 멀미뿐만 아니라, HMD 무게로 인해 제품 체험에서 소비자의 집중도와 경험의 질이 떨어질 수 있다. VR 체험 기기가 흘러내려 화면이 뿌옇게 보이고 초점이 맞지 않은 적이 여러 번 있었다. HMD를 착용하고 있는 현실을 느낀 후에는 가상현실에서 집중력이 흐트러지곤 했다. 또 HMD 기기 사이즈와 무게에 따라 얼굴에 압박감이 느껴졌다. VR 멀미 증상과 HMD 착용의 불편을 줄이기 위해서는, 신체가 함께 움직이는 컨트롤러와 HMD의 무게를 줄이는 기술 개발이 필요할 것으로 보인다.

VR과 함께하는 새로운 형태의 여행

펜실베이니아대학에서 '메타퀘스트 2'를 통해 체험한 '구글 어스 VR'은 새롭고 놀라웠다. 이 소프트웨어에서 간단한 작동법만 배운 다면, 우리는 원하는 시간에 원하는 장소로 떠날 수 있다. 심지어 하늘을 향해 컨트롤러를 당기면 낮과 밤이 뒤바뀌어 풍경을 보는 시간대마저 선택 가능하다. 우리는 15분 동안 미국의 여러 지역뿐만 아니라 한국, 호주, 프랑스와 접근하기 어려운 북한, 남극까지 다녀왔다. 선명한 화질에 감탄했고, 작동 지연이 없어 계속 집중할 수 있었다.

이 체험을 통해, 우리가 외국에 가지 않더라도 가상현실로 세계 여행을 할 수 있을지가 궁금해졌다. 김영하 작가의 에세이《여행의 이유》에서는 '여행'을 다음과 같이 설명한다.

기대와는 다른 현실에 실망하고, 대신 생각지도 않던 어떤 것을 얻고, 그로 인해 인생의 행로가 미묘하게 달라지고, 한참의 세월이 지나 오래전에 겪은 멀미의 기억과 파장을 떠올리고, 그러다 문득 자신이 어떤 사람인지 조금 더 알게 되는 것. 생각해 보면 나에게 여행은 언제나 그런 것이었다.[2]

---

2 여행에 대한 여러 정의가 있지만, 여행의 우연성과 현장성을 강조하고자 이 내용을 가져왔다. 김영하(2019),《여행의 이유》, 문학동네, 51쪽.

책에서 말하듯, 여행은 사람이 일상적 공간을 벗어나 다른 장소에서 몸소 부딪히며 얻는 경험을 의미한다. 그런데 가상현실을 활용한다면, 이 의미는 달라질 가능성이 있다. 가상현실의 무한한 공간은 일상에서 벗어나지 않고도 우리에게 새로운 경험을 제공한다. 이전까지의 여행이 익숙하지 않은 공간에서 다른 문화를 받아들이고 즐기는 것이었다면, 새로운 형태의 여행은 시공간을 초월해 우리의 감각을 자극한다.

현재 구글 어스 VR과 같은 가상현실은 실제 여행을 보완하면서 이용자에게 다른 형태의 경험을 제공한다. 예를 들어 여행을 계획하는 사람은 보정이 더해지지 않은 여행지의 모습, 지역 특징 등의 정보를 객관적으로 파악할 수 있다. 이는 낯선 장소로 떠나는 여행객의 불안감을 해소한다.

또, 인간에게 새로운 경험을 제공해 주기도 하는데 우리는 이 기술을 통해 깊은 바다나 인적이 드문 사막, 드넓은 우주에 갈 수 있으며 또, 다양한 건축물을 보기 어려운 각도에서 볼 수도 있다. 실제로 우리는 구글 어스 VR을 통해 새의 시선에서 파리 에펠탑을, 남극의 얼음을, 한국의 고려대를 구경할 수 있었다.

그러나 VR을 통한 단순한 관광을 여행이라고 할 수 없다는 관점도 존재한다. 관광객은 자신들이 그곳을 다녀갔다는 사실을 증명하기 위해 그 지역을 대표하는 장소를 배경으로 사진을 찍는다. 사진 촬영은 관광을 소비하는 주요 활동 중의 하나이다. 관광객은

펜실베이니아대학 VR랩에서 '구글 어스 VR'를 통해 우주여행을 하고 있다.

어떤 형태로든 현지인과 접촉함으로써 그들 스스로 그곳에 대한 이미지를 창조하고 또 개인적 차원의 평가와 기억으로 그곳과 관계를 맺는다. 이처럼 실제 관광은 그곳에서 좋든 싫든 여행지에 대한 기억을 가지고서 일상으로 돌아오지만, 사이버 관광에서는 관광의 경험은 맛볼 수 있어도 그곳과 직접적인 관계를 맺을 수 없다.[3]

구글 어스 VR 같은 3D 지도나 VR 여행 콘텐츠에서는 사진을 찍는 행위처럼 여행자의 참여가 요구되지 않는다. 즉, 이용자가 무언

---

[3] 사이버 관광은 신기술을 활용하여 편리하게 관광경험에 도달하게 하는 새로운 유형의 관광을 의미한다. 김지선(2013), "사이버공간에서 관광의 의미: 사이버관광은 관광산업의 기회인가, 위협인가?", 〈관광학연구〉 37권 10호, 119~136쪽,

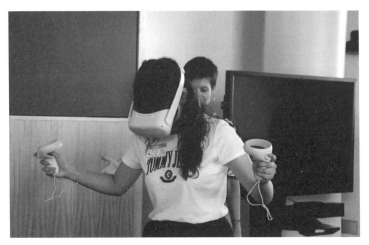

펜실베이니아대학 VR랩에서 VR 게임을 체험하고 있다.

가를 '관람'할 뿐, 사람들과 이야기를 나누거나 그 지역과의 교류가
발생하지 않는다. 가상현실 여행이 실제만큼 매력적이려면 이용자
가 여행지를 단순히 '보는' 것에만 그치지 않고, 그 지역과 상호작
용할 수 있는 참여형 콘텐츠가 필요하다. 사람은 교류 속에서 자신
만의 이야기를 만들고 추억으로 간직하기 때문이다.

　이전에 건물 꼭대기에서 나무판자 위를 걸은 다음 케이크를 던
지는 게임을 한 적이 있다. 마냥 웃던 내가 건물 옥상에 올라가자
한순간에 식은땀이 나고 다리가 후들거렸다. 더 이상 못 갈 것 같다
고 소리 지르기도 했다. 선명한 화질에 어떤 방향으로 고개를 돌려
도 도시는 완전한 현실같이 느껴졌다.

　나는 건물 꼭대기에서 아래를 내려다보는 게 아니라, 직접 나무

판자를 걷고 케이크를 던지는 '행동'을 했다. 이러한 경험 중심의 콘텐츠는 도시 모습을 한눈에 보여 주면서, 동시에 여행자와 가상현실 간 상호작용을 가능케 한다. 시각적 콘텐츠로만 이루어진 전기차 시뮬레이터보다 이 체험이 더욱 흥미롭게 느껴졌고, 더더욱 오래 기억에 남았다. 체험자를 단순히 시청자로 여기는 것보다 능동적 참여자로 만드는 것이 중요하다.

더불어 사람마다 여행하는 스타일이 다르므로 이를 콘텐츠에 반영하면 좋을 것이다. 사용자 선호도를 미리 파악해 여행테마를 제공할 수 있다. 사람마다 다른 경험을 위해서는 약간의 변수가 필요할 것으로 예상된다. 이렇게 다양한 경험이 사람들 사이에서 공유되고, 직접 경험 위에 간접 경험을 쌓아 오래도록 그 기억이 보존된다면, 가상현실 여행은 실제 여행만큼의 역할을 할 것으로 보인다.

새로운 소셜 VR 플랫폼 '호라이즌 월드'

가상현실 여행과 더불어, 사람들에게 새로운 경험을 제공하는 것으로 메타의 '호라이즌 월드Horizon Worlds' 서비스가 있다. 이는 이용자들이 아바타를 만들고 다른 이용자와 상호작용하는 소셜 VR 플랫폼이다. "창조하라. 탐험하라. 함께하라Create, Explore, Together"라는 캐치프레이즈처럼 사용자는 가상공간에서 아바타와 새롭게 소통하고, 기술을 익혀 원하는 세계까지 구현할 수 있다. 메타는 사람들에게 VR 디스플레이와 플랫폼으로 '완전히 새로운 차원의 소통'을 제공하고자 한다.

하지만 아바타의 불완전성, 지속적 오류 현상 및 접속 지연 등의 문제로 많은 지적을 받고 있다. 결과적으로, 메타가 정한 2022년 말 기준 호라이즌 월드의 월 활성 이용자 목표치는 50만 명이었으나, 실제 이용자는 20만 명도 채 되지 않았다.[4] 즐길 수 있는 콘텐츠는 부족하고 재접속자 수도 거의 없는 이 상황에서, 이용자의 관점으로 플랫폼을 다시 보는 자세가 필요하다.

가상현실이 여러 분야에 활용되려면 선행되어야 할 질문이 있다. 하드웨어 기술 발전도 중요하지만, 사람들이 '왜' 가상현실에 접속해야 하는지를 설명하는 것이 필요하다. 이용자가 가상현실에 접속하면 어떤 이점이 있는지, 그들이 만족할 콘텐츠가 존재하는지를 객관적으로 파악해야 하며, 이용자의 관점에서 기술을 바라보는 태도가 요구된다.

이에 더해, 이용자를 보호하는 법률이 필요하다. VR 이용률을 높이려면 사람들이 기술을 신뢰하고, 자유롭게 이용할 수 있어야 한

---

4   〈월스트리트저널〉의 내부 자료에 따르면, 호라이즌 월드의 현재 월 이용자 수는 20만 명에 못 미치는 것으로 추정된다. 성유진, "13조 원 쏟아부었는데 … 직원도 사용 않는 메타버스", 〈조선일보〉, 2023. 2. 24.

다. 가상현실에서 일어날 수 있는 범죄, 부작용 등을 미리 예상하고 이를 기술 발전과 함께 연구해야 한다. 결국 기술을 이용하는 건 '사람'이기 때문에 법과 제도가 안정적인 기반을 마련해 주어야 할 것이다.

나에게 이번 미디어 루키스 프로그램은 VR 기술의 활용 가능성과 개선점을 탐구하는 과정이었다. 거리나 상점에서 쉽게 접하지는 못했지만, 두 번의 경험은 내게 큰 감동과 생각할 거리를 남겼다. 가상현실 속에서 운전면허증 없는 나는 운전자이면서 건물 꼭대기에서 나무판자 위를 걷는 대담한 사람이었다. 쉬이 경험할 수 없는 환경에서 나의 새로운 모습을 볼 수 있다는 점이 신기했다. 하지만, 그것이 현실에서 운전을 하는 나, 건물 꼭대기에 선 나와 같은 모습인지는 명확한 답을 내릴 수 없었다.

VR 기술에는 아직 많은 물음표가 따른다. 빠르게 발전하는 사회에서 우리가 현실과 가상현실을 어떤 관계로 바라보아야 하는지, 상용화된다면 어떠한 법률과 규제가 필요할지 등을 함께 생각하면 좋겠다. 나는 이 경험을 발판 삼아, VR 기술 발전에 꾸준히 관심을 가지고서 밝은 미래를 맞이하고 싶다. 풍부한 상상력과 이용자의 관점이 결합해 더 발전할 가상현실을 기대한다.

4

스포츠 저널리즘의 내일을 묻다

권나현 미디어학부 21학번

세상은 복잡해지고, 언론을 정의하는 것은 어려워졌다. 개인이 생산하는 콘텐츠조차 저널리즘의 한 형태가 될 수 있을 정도로, '언론'의 정의는 전통적 뉴스의 형태에서 벗어나 다양화되고 있다. 그러나 TV시대부터 이어져 온 정통 언론 중에서도, 예로부터 현대적 성격을 가진 분야가 존재했다. 정적인 뉴스 속에서 유일하게 감정이 개입되고, 열정이 투영되는 스포츠 저널리즘에 매료되어 필자는 이와 관련된 연구를 계속 이어 왔다.

미디어 산업의 메카인 미국 보스턴, 뉴욕, 필라델피아를 방문하기 전, 가장 크고 야심찬 목표는 한국에 아직 도입되지 않은 미국의 미디어 기술을 탐구하는 것이었다. 비교적 정형화되지 않아, 혁신이 가장 빠를 것이라 예상되는 영역인 스포츠 보도에 새로운 미디어 기술이 어떻게 적용될지를 고민하는 것은 충분히 가치 있는 일이었다. 따라서 이 글에서는 미디어 산업의 중심지에서 느꼈던, '보도'의 형태를 혁신적으로 변화시킬 미디어 기술을 소개하고, 이것이 어떻게 한국의 스포츠 저널리즘을 변화시킬 수 있을지 그 방향성과 미래를 그려 보고자 한다.

스포츠 보도의 특수성

시작하기에 앞서, 다른 형태의 저널리즘이 아닌 스포츠 보도를 가장 혁신적인 변화가 빠르게 반영될 영역으로 선택한 이유를 짚고 넘어갈 필요가 있다. 이를 위해서는 스포츠 저널리즘이 다른 형태의 보도와 차별화되는 지점을 파악해야 한다. 이를 '예측성', '현장감', '전문성'이라는 세 가지 키워드로 정리했다.

첫 번째는 예측성이다. 이미 발생한 일을 주로 과거형으로 보도하는 기존의 뉴스와는 달리 스포츠 방송은 예측과 불확실성을 기반으로 한다. 불확실성이야말로 스포츠의 불가결한 구성요소 중 하나이기 때문이다. 스포츠 방송에서는 이미 발생한 이벤트를 복습해 주는 것보다, 지금까지 발생한 기록을 바탕으로 앞으로 일어날 일을 예측하는 것, 즉 정보를 새롭게 생산하는 것이 더 영양가 있고 통찰력 있는 정보로 여겨진다.

두 번째로, 다른 방송 형태에 비해서 현장감이 더욱 중시되는 영역이기 때문이다. 시청자가 일방적으로 정보를 전달받는 보통의 뉴스와 비교했을 때, 현장의 분위기와 소리가 방송의 가치를 극대화하는 경우가 많다. 지나친 몰입을 고의적으로 방해하기 위해 가끔 '제3의 벽'을 환기시키기도 하는 다른 장르의 방송에 비해, 스포츠 중계는 경기장 입장료를 지불하지 않고도 관객석에 있는 것처럼 느껴지도록 생생하게 경기를 시청자에게 전달하는 것을 제1의 목표로 삼는다.

마지막으로, 보통의 스포츠 보도는 다수의 대중보다 소수의 마니아층을 주 시청자층으로 삼는다는 점에서 전문성이 있다. 물론 국가 단위 이벤트의 경우 스포츠 룰을 모르더라도 많은 사람이 시청하지만, 일반적인 경우에는 해당 스포츠를 잘 알고 있는 소수의 팬을 대상으로 중계를 한다. 이에 따라 관련 종목의 선수 출신이나, 업계에서 공신력이 큰 사람을 전문 해설위원으로 섭외해 이미 배경지식을 가진 소수 시청자의 지적 호기심을 충족하는 특수한 성격을 지닌다.

한국 스포츠 보도의 현황

그렇다면, 현재 한국의 언론에서는 이러한 스포츠 산업의 특성이 어떤 방식으로 보도에 투영되고 있는가? 스포츠 보도를 영상 매체로 이루어지는 '스포츠 중계'와 기사 형식의 '스포츠 저널리즘', 이 두 가지 영역으로 나눠 살펴봤다.

스포츠 중계는 전문성을 확보한 해설진과 현장감을 전달하는 현장 리포팅이 특징적이다. 기술 발전과 더불어 구기 종목 같은 경우, 공의 궤적이나 예측 방향을 표시하는 CG가 활성화되어 왔지만, 방송의 전반적 구성은 처음 스포츠 중계가 시작되었던 시절과 크게 다르지 않다. 경기장이 한눈에 들어올 수 있도록 설치한 카메라, 중계 화면을 바탕으로 이루어지는 캐스터와 해설위원의 입담을 중심으로 뻗어 나가는 방송은 큰 변화 없이 이어져 왔다.

반면, 스포츠 저널리즘은 언어 기반 AI 모델의 등장으로 현재 큰 변화를 겪고 있다. 2006년 톰슨 파이낸셜Thompson Financial Group이 개발한 금융 로봇 기자를 시작으로, 세계적으로 로봇 저널리즘은 활성화되어 왔다. AI는 많은 양의 데이터를 빨리 처리하는 능력을 갖추고 있기에, 로봇 저널리즘은 데이터를 기반으로 신속한 전달을 해야 하는 스포츠 분야에서 활발하게 도입되었다. 국내에서도 2016년을 기점으로 영국 프리미어리그의 뉴스를 전달하는 '사커봇', KBO 야구 경기 상보 기사를 작성하는 '야알봇', 2018년 평창 올림픽의 정보를 전달해줬던 '올림픽봇' 등이 사용되기 시작했다.[1]

AI 저널리즘은 인간의 개입 없이 의미 있는 데이터를 추출하는 과

---

1 〈OSEN〉, "회사소개", http://osen.mt.co.kr/pages/company.

정부터 이를 기사로 작성하는 것까지 자동 완성한다. 인간 기자의 기사 작성과 비교해 시간이 절약된다는 점에서 유의미한 가치 창출이 가능하다. 또한 기존 기자들의 빅데이터를 기반으로 기사를 생성하므로, 기사 완성도가 높고 자연스럽다는 평가를 받는다. 실제로 2016년 조종엽 기자의 설문에 따르면, 야구 기사 작성 알고리즘인 '야알봇'의 기사와 인간 기자의 기사를 구별하는 데 성공한 응답자는 단신 기사의 경우 43%, 긴 기사의 경우 48.9%에 그쳤다.[2]

특히, 최근 오픈 AI가 개발한 대화형 인공지능 챗봇 챗GPT의 대두로 기사 작성이 과연 인간만의 영역인가에 대한 물음표가 더욱 커지고 있다. 인간의 주관적 생각과 주장, 근거를 논리적 흐름에 따라 제시하는 기획 기사의 경우, 아직 인간의 영역이 그리 위태롭지 않다. 그러나 단순히 사실을 나열하는 단신 기사나 속보의 경우, 인공지능 로봇에 의해 눈 깜짝할 사이에 대체될 수도 있다. 이에 따라 스포츠 기자들의 입지가 약해지고 있다는 우려가 존재한다. 미디어가 가장 빠르게 변화하는 미국에서 이 현상의 실체를 파악하고 싶었다.

---

2   로봇 저널리즘은 기사 생성 알고리즘을 기반으로, 인간 기자들이 작성한 표현을 진행 중인 경기에 대입하는 방식으로 기사를 생성한다. 조종엽, "문화 실험실: 놀랍다, 로봇기자가 이런 표현까지 쓰다니 … ", 〈동아일보〉, 2016. 4. 18.

미국 미디어의 새로운 양상과
스포츠 영역의 변화 방향성 예측

〈뉴욕타임스〉의 변화

뉴욕 최대의 신문사인 〈뉴욕타임스〉는 신문 매체의 쇠퇴와 디지털 콘텐츠의 등장으로 큰 변화를 겪고 있었다. 2014년에 발표한 〈이노베이션 리포트〉를 통해 종이 신문만을 다룬다는 기존 인식에서 벗어나, 디지털 미디어로의 전환을 이룸으로써 아날로그와 디지털의 장점을 결합한 매체로 자리매김하기 위해 노력했던 것이다.[3] 구독층이 점차 감소해 가는 대부분의 종이 기반 매체에 비해 아날로그적 감상을 자극하는 디지털적 요소의 활용, 언론사의 역사성과 신뢰성 덕에 미국 내 〈뉴욕타임스〉 입지는 여전히 단단하다고 느꼈다.

디지털화라는 혁신을 마주한 〈뉴욕타임스〉

〈뉴욕타임스〉에 가장 궁금했던 점은, 'AI를 활용한 기사 작성이 실제로 주요 언론 및 신문사에서도 이루어질 여지가 있는가?'였다. 인간의 능력을 능가하는 작문 알고리즘의 개발로, 인간이 작성하

---

3   Leonhardt, D., Rudoren, J., Galinsky, J., Skog, K., Lacey, M., Giratikanon, T. and Evans, T.(2017. 1), "Journalism That Stands Apart", *The New York Times*.

오래된 전통이 그대로 기록된 〈뉴욕타임스〉.

는 기사가 알고리즘에 의해 점차 대체되고 있을 것이라는 예상과 달리 〈뉴욕타임스〉의 기자들은 자신 있게 AI 저널리즘은 현재 주요 언론사에서 전혀 사용되지 않는다고 답했다. 아무리 신속성에서 차이가 난다 할지라도, 정확성 면에서 로봇은 아직 인간 기자를 따라갈 수 없다는 판단에서 인간이 작성하는 기사에 대한 자부심이 느껴졌다. 전 세계 저널리즘을 주도하는 주요 언론 기관 중 하나인 〈뉴욕타임스〉가 아직 기사 생산 알고리즘에 대해 매우 보수적 입장을 취하고 있었기에, 알고리즘을 활용한 기사 생산은 당장은 활성화되지 않을 것으로 보였다.

당분간 주요 스포츠 언론사에서 알고리즘을 활용한 기사 작성은 이루어지지 않겠지만, 정확성이 다소 떨어지더라도 신속성을 경쟁력으로 삼을 수 있는 포털 사이트나 SNS 홈페이지 등 비전통적 매체에서는 AI가 먼저 활성화될 수 있다. 인간 기자가 생산하는 기사들이 로봇과 비교했을 때의 가장 큰 경쟁력인 '신뢰성'을 잃지 않고, 인간만이 가능한 통찰과 분석을 통해 전문성을 키워, 소비자들의 이동shift이 일어나지 않도록 주의해야 한다.

펜실베이니아대학 VR랩

스포츠 보도를 혁신적으로 바꿀 기술은, 오히려 미디어 루키스 여정의 끝자락인 필라델피아에서 찾을 수 있었다. 펜실베이니아대학의 VR랩에서는 기존에 접해 보지 못했던 VR 기술을 경험할 수 있었고, 이는 VR이 낮은 접근성으로 인해 전 세계의 많은 곳에서 아직 주된 문화로 자리 잡지 않았으리라는 내 편견을 완전히 뒤집는 계기가 되었다. VR은 단지 오락적인 기능을 넘어, 저널리즘에 큰 생동감을 부여할 수 있는 혁신적 장치로서의 가능성을 보여 주었다. 현재 많은 비판을 받는 접근성 문제만 해결된다면 현재 우리가 사용하는 모든 매체를 변화시킬 수 있는 존재이기 때문이다.

VR의 핵심인 '몰입', '현존감'은 결국 사람이 가진 공감 능력을 극대화할 수 있는 장치라고 생각한다. 사람들의 감정을 움직이고자 하는 언론의 기능은, 공감 능력을 자극함으로써 실현될 수 있다. 그렇기에, 시리아 내전 중 폭탄 테러가 일어나는 현장을 다룬 노니

델라 페냐Nonny de la Pena의 '프로젝트 시리아'를 기점으로 저널리즘 영역에서 VR은 점차 활성화되어 왔다.[4]

가장 이목을 끈 사례는 NYT VR(〈뉴욕타임스〉의 가상현실 플랫폼)을 통해 2015년 공개된 〈난민〉이었다.[5] 해당 프로젝트에서는 전쟁 난민들이 처한 환경을 360도 비디오를 통해 보여줌으로써, 사회적으로 큰 파장을 불러일으켰다. 난민이 실제로 처한 현장을 사람들에게 시각, 청각 등 모든 감각을 동원하여 몰입시키는 형식의 보도는, 담담한 언어를 사용했음에도 감정에 호소하는 공익 광고보다 훨씬 강력하게 미국 시민들의 마음을 움직였다.

그렇다면, VR을 사용한 보도가 효과적인지 판단하는 기준은 무엇일까? 〈뉴욕타임스〉의 사례에서 VR 보도가 사람들의 마음을 움직일 수 있는 새로운 수단으로 인정받은 이유는 바로 '생생함'과 '현장감'이 저널리즘이 사실을 전달함에 있어 다뤄야 하는 매우 중요한 키워드이기 때문이다. 이에 따라, VR이란 수단을 사용하면 더욱 효과적인 정보 전달이 이루어질 것이라는 결론에 도달했고, VR 저

---

4   객관적 위치에서 정보를 전달하는 기존의 저널리즘과 달리, 소비자들을 직접 난민들의 상황에 처하게 하는 '스토리텔링' 형식의 저널리즘은 당시 획기적인 언론의 한 형태로 평가받았다. Polgreen, E.(2014), "Virtual Reality is Journalism's Next Frontier: Why Newsrooms Need to Consider Telling Stories in a Different Way", *Columbia Journalism Review*, 2014. 11. 19.

5   Jackson, J.(2015), "New York Times links with Google for VR Project", *The Guardian*, 2015아나운서. 10. 20.

널리즘의 장점은 스포츠 중계방송에서 극대화될 수 있다고 느꼈다.

실제로, 스포츠 중계에 VR을 도입하고자 하는 시도는 꾸준히 이어지고 있다. 이미 미국에서는 NBA와 NFL의 중계에, 영국에서는 프리미어리그 경기의 중계에 VR 기술이 실제로 사용된다. 국내에서는 인텔Intel이 2018년 평창 동계올림픽과 2020년 도쿄올림픽에 드론, VR, AR, 입체 중계 등 다양한 기술을 선보였다.[6] 그러나 국가적 행사가 아닌 이상, 일반적인 프로 스포츠에는 아직 활성화되지 않은 것이 현실이다.

스포츠 중계방송에서 VR의 도입을 논의하기 위해서는, 첫째로 360도 영상 촬영의 원리에 대해 논의할 필요가 있다. 전문가용이 아닌 일반적으로 사용되는 VR 촬영 카메라는 상반된 곳에 위치한 두 개의 어안 렌즈Fisheye Lens로 구성된다. 각각의 렌즈는 약 200도에 해당하는 영상을 촬영하고, 이후 소프트웨어를 통해 두 렌즈가 촬영한 겹치는 부분을 삭제함으로써 자연스러운 영상을 완성한다.[7] 뉴스와 영화 촬영 등에 활용되는 전문가용 VR 카메라는 더 많은 렌즈를 사용하여 렌즈의 왜곡을 줄이고, 파노라마를 자연스럽게 연결할 수 있다.

---

6   최호섭(2021), "현장감을 높여 주는 기술들로 스포츠는 진화 중", 〈나라경제〉 170호, KDI 경제정보센터, 8쪽.
7   The 360 Guy, "How Do 360 Cameras Work?".

경기장 전체의 생생함을 전달할 수 있는 포괄적 시야(위)
하나의 어안 렌즈로 바라본 세상(아래)

사용자의 머리 움직임을 감지해 파노라마를 제공하는 VR 기기.

　이후 사용자는 어안 렌즈로 촬영되고 합쳐진 파노라마를 '오큘러스 리프트'와 같은 웨어러블wearable 기기를 통해 받아들인다. 헤드 트레킹 기술이 탑재된 웨어러블 기기에서는 기기를 쓰고 있는 사용자의 머리 움직임을 실시간으로 감지하여, 머리를 돌려 보는 방향에 따라 파노라마를 선택적으로 제공한다.[8]

　VR 영상의 원리를 고려했을 때, 현재 VR을 통해 이루어지는 언론 보도의 한계는 명확하다. 촬영에 고정된 카메라를 사용하기 때문에 인파가 몰리거나 시야가 차단되면 온전한 영상을 얻지 못한다는 점이 가장 큰 단점으로 꼽힌다. 역동적 특성을 가진 스포츠의 성격을 고려했을 때, VR 카메라를 한곳에 고정하고 그 위치에서만 경기를

8　삼성 디스플레이 뉴스룸(2014), "가상현실(VR)을 실현시켜주는 웨어러블 기기 HMD", 삼성, 2014. 8. 8.

경기장 전체의 모습을 촬영하기 위해 많이 사용되는 드론 카메라.

보는 것은 오히려 일반적인 중계 화면에 비해 시청자의 자유도를 제한하는 느낌을 불러일으켜 거부감을 초래할 수 있다. 따라서 구기 종목의 경우 공을 추적해 이동하는 카메라 모델을 활용하거나, 다양한 위치에 카메라를 설치해 시청자의 요구에 따라 경기장 내 위치를 선택할 수 있도록 하는 모델을 도입해야 한다.

하지만 촬영자나 로봇 카메라가 경기장 위에서 촬영하는 것은 안전상 문제와 경기를 방해할 수 있다는 우려가 뒤따른다. 그렇기 때문에 가장 좋은 방법은 흐름을 방해하지 않고서 경기를 가까운 곳에서 볼 수 있는, '사람'을 통해 카메라를 운영하는 방법이라는 결론에 도달했다.

대부분의 구기 종목의 경우 심판은 공을 따라 함께 이동하기 때문에, 경기에 방해 요소를 제공하지 않으면서도 경기 흐름에 따라 자연스럽게 시선을 이동시킬 수 있는 좋은 방법 중 하나라는 생각이 들었다. 물론 이런 방법이 실현되려면 경기 흐름이나 심판의 거동을 방해하지 않을 카메라의 개발 등 기술적 문제, 방송 주체 외 인물에게 강제적으로 중계 참여를 유도하는 것에 대한 제도적 문제 등이 존재하기에 필자의 의견은 조심스러운 제안에 그친다.

또한, 현장 분위기와 경기의 큰 그림을 보고 싶어 하는 시청자에게는 드론을 활용한 360도 중계도 가능하다고 판단했다. 경기장의 경계에서 낮은 높이로 날면서 360도 카메라를 촬영한다면, 경기장 전체의 좋은 시야를 확보할 수 있을 것이다.

VR의 미래를 바라보는 눈

스포츠에서 VR 기술의 활용성에 대해 펜실베이니아대학 VR랩의 연구진과 대화를 나누며, 다양한 통찰력을 얻었다. 그 내용을 크게 두 가지로 분류하면 '지나친 자유도에 대한 경계'와 '제3의 벽의 필요성'으로 정리할 수 있다.

첫째, 자유도가 높은 미디어 매체일수록 시청자의 시야가 초점에서 벗어날 확률이 높아지므로, 줄거리를 따라 시청자들의 초점을 맞춰 주는 수단으로서 '스토리텔링'의 중요성이 커진다. 지나치게 자유도가 높은 중계 방식은, 오히려 사람들의 시선과 집중을 분산시켜 정확한 정보 전달을 방해할 수 있다. 따라서 어느 정도 자유를 제한하고, 스토리라인의 핵심에 시청자들이 주목할 수 있도록 유도하는 가이드가 필요하다. 높은 자유도를 강점으로 내세운 게임에서도 클리어해야 하는 하나의 '목표'와, 게임 시드에 정해진 '범위'가 있듯, 소비자들에게 전적으로 '시선'을 맡기는 것은 비효율적 전달 방식이 될 수 있다.

둘째, VR 중계의 발달이 스포츠 경기에서 '제3의 벽'으로 작용할 수 있는 해설 및 중계 멘트를 없어지게 하지는 않을 것이라는 통찰이다. 스포츠 소비층을 크게 두 부류로 나누면, 현장 분위기를 즐기러 가는 사람들과 경기 내용 자체를 즐기는 사람들로 구분된다. 경기 내용과 관계없이 현장 분위기를 즐기러 가는 사람들에게 해설이나 중계 멘트가 이들의 현장감에 방해가 될 수 있겠다는 고민으로부터 논의는 시작됐다.

하지만, 대부분의 스포츠 소비층은 경기를 이해하고자 하는 욕구가 있기에, 이에 도움이 되는 해설 및 중계 멘트는 시청자의 현장감을 다소 방해하더라도 쉽게 사라질 수 없다는 결론을 내렸다. 중계 멘트로 인해 감소되는 현장감과 멘트를 통해 상승하는 경기에 대한 이해도를 비교했을 때, 후자의 증가폭이 더욱 크기 때문이다. 실제로 경기장 현장에서도 휴대폰을 이용해 전문 해설진의 방송을 시청하는 관객을 흔히 볼 수 있다는 사실은 위의 가설을 입증하는 사례이다.

언론 혁신, 과연 먼 미래의 이야기일까?

VR 저널리즘은 가장 형식이 유연하고 다양한 방법으로 혁신이 가능한 스포츠 보도부터 시작해, '공감'을 통해 공명을 일으킬 수 있는 저널리즘의 모든 분야로 확대될 것이라 예상한다. 동시에 감정에 호소할 수밖에 없는 공익광고, 캠페인이 '언론'이라는 객관적 매체를 통해 간접적으로 이루어질 수 있게 될 것이다. 이는 언론의 필요조건인 객관성과, 매체가 지닌 주관성 간의 경계를 흐린다는 비판을 받을 수 있지만, 다양한 사회적 문제, 계층 간 갈등 완화의 측면에 크게 기여할 수 있을 것으로 보인다.

물론 VR 기술의 완전한 활성화를 위해서는 아직 많은 기술적 측면과 제도적 측면의 노력이 수반되어야 한다. 하지만, 펜실베이니아대학 VR랩에서의 경험은 이러한 미래가 멀지 않음을 실감케 했다. 실제로 미디어 루키스 멤버들 가운데 VR랩의 기기를 활용한 외줄타기 게임 중, 그 생생함에 한 발짝도 못 내딛은 사람도 존재했다. 과거 VR이 새롭게 등장하며 주목받았을 때보다 그 기술력과 현장감은 배가 되었으며, 기술적 문제를 보완하기 위한 논의도 다양하게 이루어지고 있었다.

모든 가정에서 VR 기기를 소유하는 것, 즉 VR의 보편화까지는 아직 호환성과 경제성의 문제가 남아 있다. 그렇기에 아직 많은 한국인들에게 VR은 멀게만 느껴지는 기술이지만, 확실한 것은 아무

펜실베이니아대학 VR랩에서 VR기기를 체험하는 모습.

도 보지 않는 곳에서 정말 다양한 방식으로, 미디어 기술의 진보를 향한 한 발짝을 내딛기 위해 고군분투하는 이들이 있다는 사실이다. 이런 노력은 곧 세상에 혁신이라는 형태로 드러날 것이다.

아직 남은 물음표들, 그리고 마침표

스포츠 중계와 저널리즘에서의 VR 도입은 현재 충분히 주목할 가치가 있는 영역이지만, 그럼에도 아직 극복해야 할 문제들이 많다. 가장 대표적인 것은 앞서 언급했듯, 가정용 기기의 접근성 문제이다. 비록 과거에 비해 VR에 대한 대중의 접근성은 크게 높아졌지만, 여전히 오큘러스 장치와 같이 VR의 몰입도를 위한 기기는 가격대가 상당히 높은 만큼, 일반 가정에서 보편화되기에는 어려운 상황이다. 경제적인 면에서 방송사들이 VR 중계를 선택하도록 유인하려면 그만큼의 구독자가 있어야 하고, VR 장치를 가정에서 소지하는 사람이 많아야 한다.

두 번째는 송출되는 영상 선택 주체가 방송사인 하향식^{top-down}에서, 시청자 개개인의 선택에 맡기는 자유로운 방식으로 변화하면서 발생하는 문제이다. 개인의 기호에 맞는 영상을 소비할 수 있게 되면서, 시청자의 자유도에 의해 촬영되는 사람들이 어느 범위까지 시청을 허락할 수 있는가라는 문제가 대두되었다. 앞서 언급했듯 지나치게 자유도가 높은 매체에서는 콘텐츠 생산의 주체가 의도한 바와 달리 소비자들의 시선이 중심적인 스토리(이 경우, 중계의 중심이 되는 스포츠 경기)로부터 분산될 수 있는데, 그 과정에서 360도 카메라의 가동 범위 안에 위치한 사람들은 마치 감시를 당하는 듯한 느낌을 받을 수 있다. 이를 해결하려면 경기장 밖의 사람들에게는 일정 거리 이상 접근 제한을 두고, 음성 역시 대화 내용이 들리지 않도록, 적절한 조정과 제도의 마련이 필요할 것으로 보인다.

마지막으로, 꼭 방송의 영역이 아니더라도 VR을 활용해 스포츠 산업의 발전을 도모하는 방법에 대해 논의해야 한다. 스포츠 미디어에 관련된 다양한 연구를 발표한, 펜실베이니아대학 VR랩의 카테리나 기르기노바 교수는 올림픽 개최국에서 경기장의 위치와 형태를 파악하기 위해 가상 도시를 모델링하고 개회식과 폐막식 등 다양한 올림픽 관련 이벤트를 활발하게 계획하고 있다고 언급했다. 안전요원의 배치부터 교통 시뮬레이션, 날씨와 카메라 위치까지 가상현실에서 모의함으로써 실제로 드는 시간과 비용을 혁신적으로 절약할 수 있다고 한다. 이처럼 건축에 적극적으로 활용되는 VR 시뮬레이션을 대중에게 개방하여 관광 산업으로 활용하거나, 적립된 데이터베이스를 이용해 올림픽 행사 중계 자료로 사용하는 등의 방법을 통해 부가가치를 창출할 수 있을 것이다.

미디어 산업의 혁신은 스포츠 보도 방식에 변화를 가져왔고, 해당 변화는 기사 생성 알고리즘과 VR 중계의 활용에서 나타나고 있다. 미디어 산업이 가장 먼저 변화를 맞이하는 중심지에서 다양한 기술이 사용되는 전망을 목격하자, 미래를 보는 눈이 점차 열리는 기분이었다.

현재 개발되고 있는 다양한 기술은, 앞으로 이 사회가 변화할 방향성에 대한 힌트를 제공하고 있다. 물론 힌트는 단서에 그칠 뿐, 미래를 예측하는 일에는 불확실함과의 끊임없는 사투가 동반된다. 그럼에도 유일하게 확신할 수 있는 것은, 세계 각지의 미디어 전문가들은 변화하는 미디어 환경에 맞춰 시청자들의 효용을 극대화하는 콘텐츠를 제공하기 위한 치열한 고민을 거듭하고 있다는 것이다. 그러한 고민의 해답에 한 발자국이라도 더 가까워졌으면 하는 바람으로 이 글을 마무리한다.

5

비하인드 더 신

미디어 루키스!

김나영 미디어학부 20학번

미국에서의 알찬 일정이 모두 끝이 났다. 타임라인에 표시된 여러 일정과 다양한 명소들은 마치 지난 여정의 주요 챕터와 같이 여겨진다. 생각해 보면 그 사이사이 언뜻 비쳐 오는 조그만 추억이야말로 이 여행을 특별하게 만들어 주는 것 같다. 자칫 흘려보낼 뻔했던 무대 뒤편, 미디어 루키스의 이야기를 소개한다. 비하인드 더 신: 미디어 루키스Behind the Scene: Media Rookies!

열쇠가 없어 오히려 좋았던 강민

7월 9일, 보스턴. 오전 8시 러닝을 마친 강민이 숙소로 돌아왔을 때, 방문은 굳게 잠겨 있었다. 룸메이트였던 문철이 트리니티 교회를 보러 나가면서 하나뿐인 키를 가져갔던 것! 호스트에게 바로 SOS

를 쳤지만 오후 1시에나 도와줄 수 있는 상황, 그야말로 낭패였다.

그러나 고민도 잠시, 강민은 무슨 배짱이었는지 초행길이었는데도, 자전거를 몰아 문철에게서 열쇠를 받아 오겠다 결심했다. 날씨도 좋고, 어차피 이곳에서 자전거를 타 보고 싶기도 했고. 길이야 구글 맵 보면 다 나오니 별 문제 아니었다. 서울의 '따릉이'와 비슷한 보스턴의 자전거 대여 서비스 '블루바이크'를 빌린 다음, 찰스강을 따라 쭉 움직이며 둘러본 보스턴의 경치는 정말이지 아름다웠기에, 오히려 행복한 오전 시간을 보낼 수 있었다고. "오히려 좋아!"

의도치 않은 별명이 생긴 다솜과 나영

보스턴 일정 1일차, 다솜은 아이스 아메리카노를 긴급 수혈하기 위해 보스턴의 유명한 카페를 들렀다. 결제를 마친 후 한 종업원이 이름을 묻기에 별 생각 없이 그냥 '다솜'이라 말해줬다. 아리송한 얼굴로 이름을 받아 적던 종업원. 그런데 커피를 건넬 때는 왠 "아줌~(?)"이라는 괴상한 이름으로 부르는 게 아닌가.

그리고 다른 날, 이번에는 나영이 뉴버리 스트리트에 있는 '스타벅스'에 갔다. 역시 이름을 묻는 종업원에게 별 의미 없이 그냥 '나영'이라 답했는데, 유쾌하고 살가운 표정으로 고개를 크게 끄덕이는 그 모습이 이름을 잘 알아들은 것처럼 보였다! 그렇지만 나영은

"Nao"라고 적힌 컵을 받아야만 했고, 남은 일정 내내 "나오~"라는 별명으로 불려야만 했다.

비둘기랑 밥을 먹은 지윤, 선민, 세인

때는 바야흐로 7월 11일. 에머슨대학과 피아지오 패스트 포워드 일정 사이 짧은 점심시간. 대중교통을 이용한다면 40분 이상 소요되었기에, 20분 안에 점심을 해결해야 했다. 카페 '타테'에 가서 세인은 크루아상을, 선민과 (황)지윤은 그곳에서 유명하지만 나오는 데 오래 걸리는 샥슈카를 주문했다. 공원 안쪽에 들어가 풀밭 위의 점심식사를 즐기려 했지만, 시간이 없어 공원 입구에 자리를 잡았다. 허겁지겁 먹던 와중에, 옆으로 비둘기가 하나 둘 모이기 시작하더니 결국에는 30마리 가까이 모였다! 정말이지 식겁했다. 날아가는 비둘기에 소리 지르던 지윤, 꿋꿋이 먹던 선민, 그 상황이 너무 웃겨 빵도 못 넘기던 세인! 마치 비둘기들의 잔치에 초대받은 것만 같았다. 재미있는 풍경이었다.

할아버지께는 죄송스럽지만 어쩔 수가 없었던 선민

선민이 블루바이크를 반납하려 했을 때의 일이다. 로커가 작동하지 않아 다른 자전거가 빠질 때까지 기다렸다가, 자리가 난 로커를

곧장 차지했는데, 멀리서 기다리시던 할아버지 한 분께서 망연자실한 표정으로 쳐다보고 계셨다고!(하지만… 어쩔 수 없었습니다.)

고작 1센트를 팁으로 준 윤서

그리스식 플레이트를 파는 뉴버리 스트리트의 식당에 간 윤서. 앞서 주문한 나영이 팁 1달러를 커스텀^{custom}해서 주는 모습을 보고 자신도 그렇게 해야겠다고 생각했다. 메뉴를 주문한 뒤, 윤서는 키오스크 화면에서 커스텀 버튼을 선택하고 숫자 '1'을 입력한 뒤, 전송을 눌렀다! 그런데 문제는, 커스텀 팁이 '$ _ . _ _' 형식이었던 것. 그러니까 숫자 '100'을 입력하여야 1달러가 되는 형식이었던 것이다. 이를 알지 못했던 윤서는 '1'만 입력하여 1센트의 팁만 주게 된 것이었다!(…0센트보다는 나은 것이겠지?) 미국의 디지털 팁 문화에 아직 익숙하지 않아 생겨난 재미있는 해프닝이었다!

오아시스 앨범을 꽁꽁 숨기고 다닌 지윤

영국의 록 밴드 오아시스^{Oasis}를 좋아하는 (남)지윤! 그녀에게는 이번 여행에 꼭 오아시스의 LP를 구입하고 싶다는 소망이 있었다. 이틀 내내 앨범을 찾은 끝에, 남지는 보스턴의 한 레코드숍에서 2집 모닝 글로리^{Morning Glory}를 구매할 수 있었다. 그런데 주인아저씨께서 "왜 미국인들은 이 앨범을 싫어하는지 모르겠어"라고 하신 것! 찾아보니 오아시스의 2집이 세계 록의 중심을 미국에서 영국으로 바꾸는 역할을 했기 때문에 미국인들이 그리 좋아하지 않더라고 한다. 아무튼 미국의 음악 팬들이 오아시스의 앨범을 싫어한다는 사실을 알게 된 남지는 들고 다니다 혹시라도 시비가 걸릴까, 포장지에 앨범 재킷이 안 보이도록 꽁꽁 싸매고 다녔다고 한다!

선민, 세인 숙소에 들어온 누군가 ⋯ 우리는 지윤인 줄 알았지만 ⋯

뉴욕 숙소에서 나갈 준비를 하던 세인과 선민. 갑자기 누군가 문을 열고 들어왔다가 사과하며 나갔다. 목소리가 (황)지윤과 비슷해서 맞은편 방에 있다가 착각하고 들어왔나 보다 싶었다. 세인은 "쏘리, 쏘리"라는 말을 들었고, 선민은 "오, 쏘리. 미안해"라고 말하며 나갔다고 기억했다. 그날 오후 지윤을 만나 우리 방에 왔었느냐 물어보니, 자기는 오늘 아침에 일찍 나서서 뉴욕 거리를 구경했다고 말했다. 그럼 그 사람은 도대체 누구였을까?

황지윤의 소소한 행운

뉴욕 마지막 날, (황)지윤은 선민과 중식 패스트푸드점 '판다 익스프레스'에서 점심을 먹은 다음 포춘쿠키를 받았다. 포춘쿠키 속 운

세는 '행운fortunate'! 하지만 당시에는 대수롭게 여기지 않았다고 한다. 식사를 마친 후, 그날따라 버블티가 몹시 마시고 싶었던 지윤은 10분 거리에 위치한 버블티 집을 찾아가 '말차 + 딸기베이스 + 버블 조합'을 주문했다. 그런데, 갑자기 점원이 지윤이 주문한 음료를 쓱 내밀더니 "프리"라고 말한 것! 지윤은 고맙다 인사하면서도 가게를 나왔다.

알고 보니 지윤이 오기 직전, 완벽하게 같은 조합의 버블티를 주문한 사람이 음료를 찾아가지 않았고, 그래서 얼음이 녹기 전 지윤에게 무료로 준 것이다. 지윤은 신기해하면서도 8~9달러쯤 했던 버블티를 무료로 먹을 수 있어 기분이 좋았다고 한다. 포춘쿠키가 예견한 대로 지윤에게 뜻밖의 행운이 찾아온 날이었다.

6

같은 시간, 다른 경험

황지윤 미디어학부 21학번

2주간의 프로그램 중, 자유 시간 및 일정 이후 시간을 이용하여 보스턴과 뉴욕의 명소들을 방문할 기회가 생겼다. 모두에게 같은 시간이 주어졌지만, 루키스 멤버들은 개인의 관심사와 취향에 맞춰 각자 다른 경험을 했고 자신만의 추억을 쌓을 수 있었다.

코플리역 vs. 펜웨이 파크

미국에 도착한 바로 다음 날인 7월 9일, 보스턴에서 하루 동안 자유 시간이 주어졌다. 보스턴에 온 만큼 보스턴의 명소를 모두 방문하면 좋았겠지만 제한 시간 안에 모든 장소를 방문하는 것은 분명 어려운 일이었다. 따라서 여행의 테마와 동선에 따라 하루 일정을 달리 설정했다.

첫 번째 팀의 테마는 '여유'였다. 보스턴 중심부의 명소는 모두 코플리역Copely Station을 중심으로 가까이 위치해 있었기에 짧은 시간 이동하며 각 장소에서 오래 시간을 보내는 일정이었다. 오전에는 트리니티 교회에서 아침 예배를, 오후에는 뉴버리 거리의 가게들을 구경했다. 보스턴 퍼블릭 가든에서 '물멍'을 때리기도 했고, 공립 도서관에 방문하여 독서 시간을 갖기도 했다.

두 번째 팀은 '에너지'가 팀의 테마여서, 러닝의 나라 미국에서 '아침 러닝'으로 하루를 시작했다. 이후 첫 번째 팀과 마찬가지로 코플리역에 갔으나, 한곳에 오래 머무르기보다는 핵심 여행지를 빠르게 둘러본 후, 걸어서 20분 거리에 있는 펜웨이 파크Fenway Park로 향했다. 마침 운이 좋게도 그날 펜웨이 파크에서는 '보스턴 레드삭스'의 홈경기가 진행되고 있었다. 티켓이 없는 관계로 경기장 안까지 들어가지는 못했지만 기념품 숍을 들러 상품을 구경하면서 일정을 마무리했다.

마지막으로, '바이크'를 테마로 한 팀이다. 이 팀은 러닝 이후 블루바이크에 탑승하여 보스턴 풍경을 감상하면서 이동했고 뉴버리 거리를 거쳐 '웬디스', 트리니티 교회, 공공도서관 순으로 보스턴 시내를 둘러봤다. 이 팀이 뉴버리 거리의 프리마켓에서 산 반지가 많은 부러움을 사기도 했다. 그리고 그날 밤, 저녁 식사 후 다 같이 보스턴 티 파티가 열렸던 유적지를 방문하는 동안 선민과 강민은

팝 가수 '앨리샤 키스'의 공연에 다녀왔다. 이렇게 따로 또 같이, 보스턴에서의 첫날이 지나갔다.

소호 거리 vs. 랜드마크 크루즈

7월 14일, 뉴욕 일정의 첫날 역시 자유 시간이었다. 보스턴 여행과 마찬가지로 제한된 시간 동안 추천 여행지를 전부 둘러보는 불가능해 보였기 때문에, 다 함께 뉴욕현대미술관을 방문한 이후 개인 선호에 따라 쇼핑 팀과 크루즈 팀, 이렇게 두 팀으로 나뉘어 다른 장소를 온전히 여행했다.

쇼핑 팀의 주요 방문지는 쇼핑 명소로 잘 알려진 소호 거리였다. 뉴욕 최초의 피자 집 '롬바디스 피자'에서 점심을 먹은 다음, 소호 거리에 있는 편집 숍을 구경했다. 저녁으로는 스테이크 레스토랑을 미리 예약했기에 페리를 타고 브루클린으로 넘어가 뉴욕 3대 스테이크인 '피터 루거 스테이크'를 방문했다. 이후 강변공원에서 저녁놀과 야경을 구경하기도 했다. 뉴욕의 명소와 유명 맛집까지 모두 섭렵한, 그야말로 여행자다운 하루였다.

쇼핑에 큰 흥미가 없는 멤버들은 소호 거리 대신 크루즈를 선택했다. 선착장인 피어 83Pier 83에서 시작해 자유의 여신상을 거쳐 브루클린 다리까지 왕복하는 랜드마크 크루즈를 탑승해 물위에서 맨해튼의 전경을 즐겼다. 저녁에는 조교님들과 만나 현지인 추천 맛집 '웨스트사이드 스테이크 하우스'를 방문했고 마지막으로 타임스퀘어의 기둥이라 불리는 'M&M'과 '디즈니 스토어'에 들르는 일정을 소화했다.

누구보다도 특별한 하루를 보낸 이도 있었다. 문철은 크루즈 멤버였으나, 저녁 시간에는 타임스퀘어를 방문하는 대신 뉴욕 현지 댄스 클래스에서 스트리트 댄스 수업을 수강했다. 일정으로 불만족한 사람 없이, 가 보고 싶었던 곳을 알차게 여행한 단비 같은 시간이었다.

비공식 일정은 언제나 'vs'였다

보스턴과 뉴욕에서의 일정은 여유 시간, 식사 시간까지 언제나 선택의 순간이었다. 보스턴 대학 투어가 끝난 이후 4명은 찰스강에서 카약을, 4명은 버클리 음대 근처를, 나머지 2명은 프루덴셜 센터를 택했다. 보스턴의 마지막 날 몇몇은 보스턴 미술관을 방문했고 또 다른 인원은 뉴버리 거리, 찰스강, 노스이스턴대학 등 각자의 일정대로 하루를 보냈다.

모두 함께 '탑 오브 더 락' 전망대를 가는 날에도 집합하기 전 남은 시간 동안 재즈 클럽파와 소호 거리파로 나뉘어서 여행했다.

랜드 마크팀, 자유의 여신상 크루즈에서(위).
소호 거리팀, 강변 공원에서(아래).

이외에도 '아침 일찍 일어나 근처 관광지 구경하기' vs. '아침 시간에는 편히 쉬기', '남는 시간에 숙소 들리기' vs. '놀러가기' 등 '같은 시간, 다른 경험'으로 미국에서의 하루하루가 흘러갔다.

프로그램 공식 일정을 제외하고는 대부분 2~3팀으로 나뉘어 이동했고 10명 전원이 함께하는 여행 일정은 많지 않았다. 하지만 비록 개인별로 다른 하루를 지냈다 하더라도, 하루의 마무리는 같이 보내며 그날의 일정을 공유하곤 했다. 각자가 원하는 곳을 방문하며 서로 다른 여행을 했지만, 나만의 특별한 기억과 더불어 우리 '모두'의 소중한 추억을 놓치지 않은 2주였다.

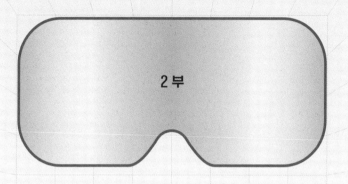

2부

도시와
거리의
일상

1

낯선 도시의 이야기를 엿보다

임다솜 미디어학부 21학번

카페에 갈 때 보통 유리창을 마주하는 자리에 앉는다. 그곳에선 흐릿하게 반사되는 내 얼굴 너머 바람에 넘실대는 나뭇잎과 건물, 도로, 걷는 사람 그리고 그들이 짓는 표정을 볼 수 있다. 어느 지역의 카페에 가건, 심지어 창의 위치가 어디냐에 따라서도 바깥의 모습은 천차만별이다. 한 건물을 보면 그 지역의 나이를 알 수 있고, 교통 상황을 보면 그 지역의 성격을 알 수 있다. 말이 없어도 수많은 이야기를 전하고 있다는 점에서, 도시는 우리에게 다정하다.

음악을 들으며 창밖을 구경하면 1시간이 훌쩍 지나 있곤 했다. 저 건물은 얼마나 오래된 건물일까? 이 나무는 이곳에서 자랐을까? 다른 곳에서 뽑아온 걸까? 살고 있는 동네에서도 물음표가 끊이지 않는데 처음 가 본 대륙, 처음 발 디딘 나라에서는 오죽할까.

그런 점에서 이 글은 내가 2주간 보스턴과 뉴욕을 걸으며 특별히 궁금했던 미국 동부 도시의 특징을 골라 소개했다. 기차로 약 4~5시간 거리에 놓인 두 도시에서 공통으로 나타난 모습을 공공서비스, 정책적 측면으로 살펴보았다.

옛 시간과의 공존

가장 먼저 도착했던 도시는 미국 북동부 매사추세츠주에 위치한 보스턴이다. 흔히 '부자 동네'로 인식되는 도시 중 하나로, 영국 식민지 시절부터 이어온 역사를 지닌 독립혁명의 발상지다. 한국의 한강을 닮은 찰스강이 도시 북쪽을 지나며, 최고 대학으로 불리는 하버드대학부터 MIT, 보스턴대학 등 명문대학 또한 다수 자리 잡고 있다.

보스턴은 뉴욕과 비교했을 때 주거 성격이 큰 도시이기 때문인지, 도시를 만난 내 첫인상은 바로 평온함이었다. 보스턴에서는 첫날부터 모두가 주말을 즐기는 사람들로 가득했다. 특히 러닝이나 자전거 등으로 운동하는 사람은 거의 10분에 한 번꼴로 마주쳤다. 다들 부지런하다 싶으면서도 미국에 살면 건강관리는 선택 아닌 의무가 된다는 말을 곰곰이 생각하게 되었다.

미국의 도시 여기저기를 거닐다 보면 고풍스러운 건물을 자주

보스턴의 아름다운 교회 중 하나로 명성이 자자한 '보스턴 트리니티 교회',
1730년대에 지어져 지금까지 자리를 지켜오고 있는 미국 국립역사기념물이다.

볼 수 있다. 마음의 준비가 되지 않았는데 갑작스레 풍기는 중세의
향기에 놀란 경험도 적잖다. 가장 인상 깊었던 건 문화재로 보존해
야 할 것 같은 건물들도 현대적으로, 혹은 본래 용도로 계속 활용
중이라는 점이었다. 이게 뭐 신기한 일이냐는 듯 200~300년이 넘
은 교회들이 좁은 시내에서도 도로를 건너 2~3개씩 있다.

　이렇게 과거의 역사가 담긴 건물과 시설을 유지하는 노력은 뉴
욕에서도 엿보였다. 대표적 예는 맨해튼 남서쪽에 위치한 '하이라
인 파크'. 1934년 당시 공장이 밀집해 있던 이곳에 화물 열차 고가
철도가 들어섰으나 이후 공장들의 이전으로 열차는 1980년 운행
을 멈추었다. 그 후 20년간 고가 철길은 쓰레기가 난무하는 도시의

보스턴 시내의 '올드 사우스 교회', 1669년 설립된
미국 국립역사기념물로 현재 건물은 1873년에 완공된 것이다.

골칫거리가 되었다. 그러나 뉴욕시에서는 역사적 유산을 함부로 철거해서는 안 된다는 시민단체의 의견을 수용하여 공중에 떠 있는 공원이라는 뜻의, 하이라인 파크를 조성했다.[1]

　미국의 이러한 구 건물 보존과 활용 형태는 우선 문화재 자체에

1　뉴욕 관광객뿐만 아니라 현지인들에게도 필수적인 존재가 된 하이라인파크의 총괄 디자인은 황나현 건축가가 맡았다. 김성진, "미국식 재개발, 보존과 개발의 조화", 〈KBS〉, 2014. 10. 18.

대한 그들의 시각을 통해 그 기서를 이해할 수 있다. 미국은 문화재에 대해 비교적 포괄적인 관점을 가지고 있는데, 이것이 법률적으로 표현된 것이 1906년 제정된 '골동품 법'이다. "미연방 정부에 의하여 소유, 혹은 통제되고 있는 땅에 놓여 있는 역사시대 혹은 선사시대의 고지, 기념물, 혹은 어떠한 형태로든지 간의 유물을 보호하는 것"이 이 법의 취지다. 미국 역사 초기 유럽 이주민들이 세웠던 집과 공장, 교회 및 공공건물은 물론 파이프나 향수병, 깡통, 말발굽까지도 문화재 범주에 속한다.[2] 아주 작은 것까지 공공문화재로 인정하고 국가적으로 보존하고자 하는 모습이다.

역사 보존에 있어서는 1966년 통과된 '미국역사보존법National Historic Preservation Act'이 현재까지도 큰 영향을 주고 있다. 특히 이 법안 속 '국가 문화재등록제도National Resister of Historic Places'는 보존 대상의 범위 확대에 크게 공헌하였다. 이전에는 역사적·건축적 가치가 높은 건물을 꽤 선별적으로 지정했으나, 해당 제도가 마련된 이후 보존 대상은 물건, 건물, 빌딩, 부지, 거리까지 폭넓게 확대되었다. 이 변화가 상당히 상징적인 이유는, 새롭게 등재된 일상의 보존대상들이 현재도 사용되는 경우가 많아 기존과 같이 박물관 등의

---

2 실제로 관리의 범주 안에 들어가는 유물의 종류는 헤아릴 수 없이 많다. 더 자세한 사항은 다음 논문에서 확인할 수 있다. 강봉원(1998), "미국의 문화재 관리 현황과 과제", 〈고문화〉 51권, 211~214쪽.

한정적인 보존 방식에 국한하지 않은 '현대 사회 속에서의 활용'이라는 숙제를 더해 주었기 때문이다.

이렇게 재개발과 보존이란 두 가지 가치를 성공적으로 구현한 일례로 시애틀의 '파이오니어 스퀘어 역사지구Pioneer Square Historic District'를 들 수 있다. 보존된 역사 건물 내부에 도심의 사무실이나 카페, 아파트 등의 기능을 부여함으로써 과거 흔적을 각별히 보관하는 것을 넘어 함께 '공존함'에 초점을 맞춘 모습으로 호평을 받았다.[3]

건축 문화재의 보존은 우리나라에서도 이어져 왔다. 한국의 경우 문화재는 "인위적이거나 자연적으로 형성된 국가적·민족적 또는 세계적 유산으로서 역사적·예술적·학술적 또는 경관적 가치가 큰 것"으로 정의된다. 미국에 비해 선별적인 성격을 보이는 듯도 하나 2001년부터는 근대 문화재의 등록 문화재 제도를 시행하며 역사 보존의 범위를 넓히고 그 보존 제도 또한 다양화했다.[4] 한국 근대건축 문화재의 보존 유형을 분석한 연구에 따르면, 적용하는

---

3   "한 나라의 역사 보존 제도는 그 나라가 자신의 과거유산을 어떻게 정의하고 어떻게 관리해 가는지를 가늠케 하는 중요지표일 수 있습니다." 역사 보존 연구에 대한 슬기로운 시각을 담고 있는 아래 논단에서 발췌한 문장이다. 박소현(2004), "미국의 역사 보존 제도와 정책을 위주로 한 보존 사례", 〈한국건축역사학회지〉, 13권 1호, 118~120쪽.
4   도시 건축 문화재에 대한 개선적인 활용방안을 모색한 연구로는 다음 논문이 있다. 이완건(2014), "도시경관 자원으로서 건축 문화재의 활용 방안에 관한 연구", 〈한국실내디자인학회 논문집〉, 23권 1호, 69~71쪽.

수리 기술의 정도에 따라 보존의 유형은 최소한의 활용만을 허락하는 현상 보존과 건립 당시 용도로 사용되며 보존하는 사용 보존, 건립 당시와 다른 용도로 사용하며 보존되는 재생 보존으로 나뉜다. 국가지정 문화재와 지방 문화재, 등록 문화재를 검토해 보았을 때 대다수 문화재의 보존 방향은 사용 보존과 재생 보존에 해당하며 보통 전자가 가장 높은 비율을 차지했다.[5]

이처럼 전반적으로 한국 역시 미국과 비슷한 건축물 보존 방향성을 가지고 있다. 하지만 한국은 현재 근대 건축물의 용도 변경이나 현대적 활용에 있어 보존 기술에 대한 연구 부족, 기술자들의 이해 부족 등으로 여러 제약을 겪고 있다. 근대건축 자체에 보존을 확대해 가는 속도나 추진력 등이 비교적 부진한 것도 이에서 비롯된다.

거시적 관점에서, 미국과 한국이 문화재의 '전통성'으로부터 받는 영향력은 본질적으로 다르다. 비교적 짧은 역사를 지닌 미국이 근대 문화재에 갖는 관심과 무수한 전통 문화재를 함께 지닌 한국이 근대 문화재에 가지는 관심의 크기는 근본적으로 다를 수밖에 없다. 한국의 입장에선 전통건축 문화재 보존 방식의 관점으로 근대건축 문화재 보존에 다가가는 것이 익숙했고 이는 곧 근대 문화재의 현대

5　보존의 세부적 유형은 다음 논문에서 확인할 수 있다. 고주환(2017), "한국 근대 건축 문화재의 보존 유형과 수리 기술에 관한 연구", 단국대 대학원 건축학과, 9, 38~42쪽.

적 활용에 있어 여러 장애를 마주하게 만들었다. 전통과 현대가 확연히 구분된 한국의 모습, 그리고 미국과 비교되는 보존의 속도 등은 이러한 측면에서 비롯된 것이라 생각한다. 짧은 역사에 집중해 성공적 역사 보존을 보여 주는 미국과, 균형 잡힌 역사 보존과 활용 방향을 모색함으로써 대과거와 근대, 현대가 함께 공존할 수 있는 도시로 나아가야 하는 한국의 입장은 다를 수밖에 없다.

이처럼 건축 문화재 활용은 모든 국가들이 안고 가야 할 숙제인 만큼 국가마다 속도와 형태는 다르게 나타나지만 역사 보존이라는 가치를 향해 나아가는 것은 똑같다. 나라마다 가진 역사와 여건이 다른 것 또한 막대한 영향을 줄 것이므로, 개별적 형태가 다르게 나타나는 것을 애석히 여길 필요는 없다.

스스로 주차, 스스로 결제

국제면허도 렌터카도 없었던 '뚜벅이' 대학생들은 2주간 정말 열심히도 걸었다. 핸드폰 만보기에 찍힌 걸음 수가 2만 보 아래인 날이 드물 정도였다. 그렇게 도시를 돌아다니며 제일 궁금했던 것이 있다. 신호등도, 쓰레기통도 아닌 것이 잊을 만하면 인도 가에 덩그러니 놓여 있는데, 어떤 것은 동전 투입구만 있고, 어떤 것은 카드 결제가 가능하기도 했다.

주차 미터기. 갓길 주차에
시간당 요금을 받는 서비스이다.

　당최 그 역할을 알 수 없었던 이것의 정체는 바로 '주차 미터기'.
갓길 주차에 대해 시간당 요금을 책정해 지불하게 만든 서비스로
1935년 오클라호마 주에서 시작해 이제 미국 전역에서 쉽게 찾아
볼 수 있다.[6] 주차가 필요한 경우, 길가의 주차 미터기를 찾아 근처
에 주차한 후, 기기로 시간을 조정하고 요금을 납부해야 이후 범칙
금을 물지 않는다. 서비스 운영은 시에서 주관하며, 주차요금도 시
가 징수한다. 발생한 수익은 주로 주차시설 및 도로를 관리하는 비

6　주차 미터기의 역사나 보편성에도 불구하고 이와 관련된 연구는 거의 찾아보기
　　힘들다. Henderson, Hamish et al.(2017), "Lessons Learned: A Study on User
　　Difficulties with Parking Meters", *Proceedings of the 29th Australian Conference on
　　Computer-Human Interaction*, 1(1), p.533.

용으로 재투자된다. 최근에는 지역 도로 관리와 공공 무선인터넷 서비스 제공 등 공공지역 서비스 개선으로 활용을 확장하고 있다.[7]

CCTV도 잘 구비되어 있지 않은 미국에서 무인으로 요금을 지불하는 제도가 과연 잘 지켜질까 싶지만, 주차 관리가 완전히 무인은 아니고 구역별로 담당 관리인이 배치되어 있다는 점에서 나름의 체계성을 확인할 수 있다. 관리인은 정해진 시간마다 주차된 차의 바퀴에 색분필을 칠하고, 시간이 지났을 때도 같은 차가 주차되어 있다면 범칙금 쪽지를 남긴다. 보통 10~20분 간격의 주차구역은 개별적으로도 잘 준수되고 있다고 한다. 오랜 시간 이어온 주차 문화에 바람직한 시민의식이 더해져 만들어진 도시의 일면이라는 생각이 든다.[8]

미국의 주차제도는 생각보다 섬세하다. 주차 미터기뿐만 아니라 '연석'이나 표지판 등으로도 주차 허용 여부를 자세히 표시해 놓는데, 연석은 인도 가의 블록 색깔을 뜻하는 것으로 색깔에 따라 주차 가능 여부에 대한 설명을 담고 있다. 색깔은 총 다섯 가지(빨간색, 파란색, 초록색, 흰색, 노란색)이며, 그중 흰색은 승하차 등을 위한 잠깐의 정차만 가능하다는 뜻이고, 빨간색은 소방차나 구급차 등을 제외하고는 절대 주정차가 불가함을 뜻한다.[9]

---

7 "여러 도시에서 사용할 수 있는 주차관리시스템 구축(미국)," 서울연구원, 2015. 1. 6.
8 김종미, "미국의 주차문화", 〈전기신문〉, 2016. 3. 3.

길가 안내판에
갓길 주차 안내사항이
빼곡히 설명되어 있다.

　주차 표지판의 경우에는 더 복잡하고 세세한 규정이 있다. '미국 주차 표지판 보는 방법'이 따로 정리되어 있을 정도로 다양한 주차 설명 표지판이 있다. 위 사진의 거의 두 배로 많은 표지판이 길게 늘어져 허용 여부를 설명하고 있다고 보면 된다. 어떤 요일에는 몇 시부터 몇 시까지만 주차가 가능하다는 사실을 유형별로 다섯 차례나 표지판에 연달아 적어 놓을 정도니, 주차하기 전에 인내심을 충분히 구비해 놓는 것이 좋다.

9　연석의 모든 색의 의미는 다음 기사에서 확인할 수 있다. Amy Bentlry, "Here's What Colored Curbs: Red, Blue, Green, White and Yellow Mean for California Drivers", *The Mercury News*, 2019. 3. 4.

한국에 주차 미터기 서비스를 도입하면 어떨지에 대한 의문에 '번거로워 안 할 것 같은데…'라는 생각이 들었다면 정답이다. 우리나라도 코인 파킹 서비스를 도입해 보았으나 성격 급한 한국인들에게 매번 알아서 기기를 조작하여 주차비를 지불해야 한다는 번거로움은 용납되지 않았다. 이미 10년도 전에 호기롭게 설치되었던 주차 미터기는 얼마 되지 않아 사용 중단으로 투명 테이프가 칭칭 감긴 채 방치되다 결국 철거되어 버리고 말았다.[10]

한국의 주차난은 꽤 오랜 곤경임에도 이를 확실히 해결하기까지는 여전히 갈 길이 멀다. 애초에 도심의 모든 땅에 이미 건물을 지어 놓은 터라 주차장을 세울 공간이 부족한 탓이 크다. 현재 서울시 주택가의 주차장 확보율은 106.5%지만, 차량 1대가 출발지와 목적지를 가지고 있는 이상 이상적인 주차장 확보율은 200%가 되어야 한다. 미국과 일본의 경우 300%의 확보율을 유지하고 있다.[11] 물리적으로 추가 주차장을 짓기에는 한계가 있으니, 현재 우리에게 남은 가장 가능성 있는 선택지는 이미 있는 주차 시설을 효율적

---

10 한국의 주차 미터기는 2000년 선진 주차시스템을 도입한다는 취지로 도입되었으며, 주차요금은 지역별로 10분당 100원에서 1,000원 안팎이었다. 곽수근, "주차 미터기, 거리의 '애물단지'로", 〈조선일보〉, 2008. 4. 8.

11 2022년에는 주차로 인한 시비를 이유로 이웃 주민에게 쇠망치를 휘두른 살인미수 사건이 발생하기도 했다. 이현승, "살인까지 부르는 주차난 … 주차장 확보율 100% 넘는데 왜 차 댈 곳 없나", 〈조선일보〉, 2023. 7. 3.

으로 쓰는 것이다.

　디지털 기술을 활용하여 도심 주차 문제 해결 방법을 모색한 서울디지털재단의 정책연구에 따르면, 서울은 주차장 확보율이 낮지만, 굳이 주차장의 총량을 늘리지 않더라도 시설 간 연계를 통해 효과적으로 주차 공간을 공급하는 것이 가능하다. 시설별 특성에 따라 주차장 이용 패턴을 분석하여 여러 주차장으로 그 수요를 분산시키고, 여기에 실시간 주차 정보 활용을 위해 민간 시설의 주차장 정보화 지원을 도모하는 정책이 뒷받침된다면 서울의 교통난은 어느 정도 슬기롭게 해결할 수 있는 사안이다.[12] 배회 시간의 감소로 교통 혼잡 완화와 환경보호까지 기대해 볼 수 있다 하니, 손쓸 방도가 없다 말하기엔 여러 문제를 현명하게 일망타진할 방안이 예비되어 있는 듯하다.

빨간불이지만 괜찮아

6일간의 보스턴 일정을 마친 후, 암트랙 기차를 타고 4시간을 달려 뉴욕에 도착했다. 미국 입국을 뉴욕 JFK 공항으로 한 터라 뉴욕과

12　신우재 외(2020), "서울시 주차문제 해결을 위한 주차장 이용 효율 향상 방안 연구", 〈서울디지털재단 정책연구〉, 70쪽.

의 완전한 첫 만남이라고 할 수는 없지만, 멀리서부터 눈을 사로잡는 뉴욕의 하이라인은 가슴을 들뜨게 만들기 충분했다. 도착 당시 제대로 즐기지도 못하고 보스턴으로 향해야 했던지라 그림의 떡처럼 마냥 바라만 봐야 했던 뉴욕을 누빌 생각에 마음이 붕 떴다.

뉴욕과 보스턴은 완전히 상반된 매력을 지녔다. 여행 후반에는 미디어 루키스 내에서 보스턴파와 뉴욕파가 강경히 맞설 정도였다. 평화로움과 여유가 가득했던 보스턴과는 달리 뉴욕은 사람과 건물, 차, 전광판이 즐비한 '도파민의 도시'다. 거리를 가득 채운 인파는 밤에도 끊이지 않고, 어디에 눈을 둬도 구경해야 하는 것이 산더미였다. 쇼핑을 즐기는 편은 아니지만 어디에서 뭘 사도 "이거 뉴욕에서 산 거야"라는 멘트를 할 수 있다는 점이 지갑을 열게 했다.

보스턴에 비해 뉴욕은 짧게 머물렀지만 아주 강렬한 인상이 남았다. 그중에서도 가장 잊을 수 없었던 건 단연 '인파'다. 뉴욕에 가기 전 급하게 공부한 유현준 홍익대 건축학 교수의 유튜브 '셜록 현준'에서 뉴욕의 초고층 건물을 제대로 즐기려면 앞이 아닌 위를 보며 걸어야 한다고 했는데, 위는커녕 당장 내 코앞에 있는 백인 남자의 등을 피해 걷는 일이 급선무였다.

그다음으로 잊지 못하는 건 항상 정신 바짝 차리며 걷게 만든 신호등. 맘 놓고 가려 하면 다시 앞길을 가로막는 신호등에 가다 서기를 꽤 많이 반복해야 했다. 한국과 달리 차가 없으면 무단횡단을 하는 경우가 많았던 것도 생경했다. 당연한 듯이 빨간불에도 길을 건너는 외국인들과 초록 불에도 차를 멈춘 자동차 사이에서 어정쩡하게 횡단보도를 건너는 일은 여전히 어색할 뿐이었다.

미국, 특히 뉴욕의 격자형 가로망은 유명하다. 어릴 적 영어 회화를 배울 때 "Go straight two blocks and…"와 같은 말을 자주 듣고 말했기에 알고는 있었지만 새삼 뉴욕을 걸으며 흥미로운 도시란 것을 다시 한번 느꼈다. 뉴욕의 도시 구조는 지금으로부터 200년 전, 뉴욕시 도시계획국이 제안한 것이었는데 당시로서도 굉장히 혁신적이면서 위험한 접근이었다. 흔히 도시 중심지를 기준으로 체계화를 갖추는 기존 의 계획과는 완전히 다른 방식이었기 때문이다.

격자형 가로망 구조의 가장 큰 목적이자 이점은 토지거래다. 블록으로 구분된 도시구조는 토지 활용에 효율적임은 물론 확장에도 용이하며 거래 시 부차적 과정 없이 간편하게 처리 가능하다. 토지거래만을 위해 도시 전체를 격자형으로 갈아엎는 것은 위험성 높은 계획이었기에 당시에는 반발이 있었으나, 그럼에도 뉴욕시는 격자형을 가로지르면서도 기존의 브로드웨이는 보존하는 등의 노력으로 현재의 모습을 완성해 냈다.[13]

---

13 뉴욕시와 시민단체가 지켜낸 브로드웨이의 역사는 17세기 네덜란드 이주민이 오솔길을 도로로 만들면서 시작되었다. 격자형 도시를 남북으로 헤집어 놓고 있는데도, 브로드웨이는 비어 있는 '공간'으로서 당당히 건축으로 인정받는다. 최혜정, "건축처럼 읽는 길: 브로드웨이", 〈서울문화투데이〉, 2013. 6. 20.

뉴욕의 횡단보도. 평일 오후인데도 거리에 사람이 빼곡하다.

격자형 가로망은 뉴욕 내에 두드러지는 장면을 다수 만들어 냈는데, 그중 하나가 횡단보도다. 도로의 교차점들이 수없이 이어지다 보니 횡단보도가 많이 생기는 건 당연했고, 이에 염세를 느낀 뉴요커들은 자연스레 차가 오는지만 확인하고 빨간불에도 도로를 건너는 무단횡단을 시작하게 되었다.

뉴욕의 이러한 특징에 대해서는 역사와 문화, 그리고 미래의 혜안이 담긴 오윤희 기자의 기사를 소개하고 싶다.[14] 해당 기사에 따르면, 첫째로 이러한 문화의 기저에는 미국의 보행자 우선 문화가

---

14 오윤희(2019), "뉴요커 '무단횡단'··· 無人 자동차 시대에 사라질 1순위", 〈조선일보〉, 2019. 11. 11.

깔려 있다. 한국과 달리 미국의 경우 신호와 상관없이 보행자가 길을 건너면 무조건 차량이 먼저 멈춰야 한다. 신호를 우선하고 차를 몰았다간 어떤 욕을 먹을지 모른다. 즐비한 무단횡단 문화에는 맨해튼 도로의 일방통행 구조도 한몫을 했는데, 맨해튼 내 도로는 운전자 간 원활한 소통을 위해 6차선 거리까지도 일방통행으로 되어 있어, 차가 오는 한쪽 방향만 확인하고도 손쉽게 횡단할 수 있었다.

이러한 무단횡단이 이제껏 아무런 제재를 받지 않았던 것은 아니다. 20년 전 루돌프 줄리아니 뉴욕시장은 끝나지 않는 무단횡단 사태에 총대를 메고 무단횡단 단속령을 내렸으나, 안타깝게도 이는 시행되자마자 거센 항의에 부딪히다 결국 경찰력 부족으로 막을 내려야 했다.[15] 이미 한 도시의 관행이 되어 버린 지 오래서어 마땅한 구실도, 방안도 없었다. 오히려 이제 미국은 무단횡단자를 보호하는 방안에 집중하고 있는데, 2014년에는 보행자 사망사고를 철폐하겠다는 더블라지오 뉴욕시장의 비전에 따라 뉴욕시 전역의 차량 주행 제한 속도를 30마일에서 25마일로 낮추는 방안을 시행하기도 했다.[16]

심지어 캘리포니아 주는 올해 1월부터 무단횡단을 허용하는 법

---

15 오윤희, 위의 기사.
16 뉴욕시의 시내 주행 제한속도는 1965년 이래로 쭉 시속 30마일이었으며, 이번 개정으로 50년 만에 주행 제한속도가 바뀌게 되었다. 배성재, "뉴욕시, 무단횡단자 보호 위해 제한속도 40km로 하향", 〈한국일보〉, 2014. 11. 9.

안, 일명 '걸을 수 있는 자유 법Freedom to Walk Act'를 시행하며 즉각적 위험이 없고 보행자가 주의를 지키는 경우에 한하여 무단횡단을 허용한다는 뜻을 밝혔다. 무단횡단 단속이 주로 유색인종을 향해 왔던 것 역시 법안 제정의 배경이 되었는데, 불필요하고 공정하지 못한 법률 집행을 이어가기보다는 교통사고의 부담을 늘리더라도 보행자의 권리를 우선하는 데 초점을 두고자 한 것이다.[17]

그렇게 영원히 무단횡단의 뉴욕이 이어지나 싶었지만, 2019년 〈뉴욕타임스〉는 무단횡단의 미래에 제동을 거는 기사를 한 편 게재하였다.[18] 자율주행차의 등장으로 무단횡단 문화가 막을 내리게 될 것이라는 전망을 내놓은 기사다. 자율주행차는 신호에 따라 운행하는 방식으로 설계되어 있기 때문에 무단횡단자를 정확히 인식하는 데 성공하지 않는 이상 교통사고는 불가피하게 발생한다. 무단횡단자에 의한 자율주행차량의 교통사고는 이미 적잖게 일어나고 있는데, 2018년 초 미국 애리조나에서 시범 자율주행 중이던 볼보 차량이 도로를 무단으로 횡단하던 여성을 발견하지 못하고 그대로 들이받아 죽게 한 사건은 자율주행차로 인한 최초의 보행자

---

17 사실 캘리포니아는 미국에서 가장 엄격한 무단횡단 법률을 운영해 왔는데, 심하면 200달러까지 벌금을 부과하기도 했다. KCAL-NEWS STAFF, "Jaywalking to be Decriminalized Starting Jan. 1", *CBS*, 2023. 1. 5.

18 Eric A. Taub(2019), "How Jaywalking Could Jam Up the Era of Self-Driving Cars", *The New York Times*, 2019. 8. 1.

사망사고로 여겨지고 있다.[19] 이에 자율주행 스타트업 관계자들은 기술적 해결을 단언하면서도 사회 환경 변화와 시민의식 성장의 필요성을 역설하였다. 자율주행차가 본격화될 시대인 만큼 사회에서도 그에 맞는 준비가 필요하다는 내용이다.[20]

과학의 발전을 수용하고 이에 맞게 사회 양상을 고쳐야 하는 시대가 다가오고 있다. 기존 인간사회의 최고 가치였던 편리함, 효율을 넘어 과학이 새로 정립하는 규칙이 만들어지고 있는 지금, 도시는 준비되어 있는지 고민해 보아야 할 것이다.

마무리하며

창밖의 세상이 한국에서 구름 위로, 구름 위에서 보스턴, 뉴욕, 필라델피아로 바뀔 때까지 많은 장면을 눈에 담을 수 있었다. 보스턴의 자연과 뉴욕의 네온사인을 회상하며, 도시 설계에 있어서도 배

---

19 자율주행차에게 무단횡단자를 인식하는 일은 커다란 숙제와 같다. 이를 위해 국내에서는 무단횡단 발생 시 실시간으로 해당 사실을 자동차에 전달하고 보행자에게 경고 방송을 하는 IoT 시스템도 연구된 바 있다. 이상수(2020), 〈자율협력주행을 위한 보행자 Care 시스템 개선방안에 관한 연구〉, 정보통신대학원 융합정보기술학과, 11쪽.

20 오윤희, 앞의 기사.

우고 싶은 점, 궁금한 점이 많아 이를 중점으로 글을 전개했다. 사실 평소에 얻는 궁금증의 대부분이 제대로 해결되지 못하는 채로 "그래, 그거 참 궁금하네"로 종결되는지라 이번 미국 여행은 꼭 그러지 않기를 바랐다. 그런 점에서 이 글은 2주간 미국을 걸으며 특히 궁금했던 것들에 대해 면밀히 알아볼 수 있게 해 준 고마운 기회였다.

이 글에서 견지하고자 했던 점 한 가지는 선망의 관점으로만 미국을 바라보지 않는 것이었다. 집필을 위해 다양한 참고 자료들을 접했으나 그중 적잖은 수가 "한국은 틀렸으니, 미국을 보고 배워야 한다"는 논리 구조를 지니고 있었다. 지형과 문화, 역사가 완전히 다른 두 나라인 만큼 도시 설계나 시민의식 등의 차이도 고려해야 한다고 생각한다. 옳은 점은 옳게, 다른 점은 융통성 있게 받아들일 줄 아는 자세가 필요하다.

2

5P로 읽는 미국 IT 문화

김선민 미디어학부 19학번

한국은 근대화 과정에서 미국 자본주의의 상당 부분을 벤치마킹했다. 더불어 굴지의 IT, 빅테크 기업들이 미국에 뿌리를 두고 있고, 많은 선진 기술이 미국에서 시작되었기 때문에 필자는 한국의 미래상을 미국에서 볼 수 있을 것이라 짐작했다. 한국의 도시보다 미국의 도시가 더욱 'IT체화'된 형태라고 상상했다. 하지만 미국에서 직접 목격한 IT 환경은 상상과 다른 모습이었다. 분명 한국보다 발달한 부분도 있었으나, 오히려 더 아날로그적인 모습을 유지하는 지점도 확인할 수 있었다. 이러한 차이가 어떤 이유로 발생했는지, 해당 간극은 의도된 것인지, 관련 인사이트를 통해 우리는 어떤 형태로 IT를 일상생활에 녹여낼 수 있을지 생각해 본 내용을 나누고자 한다.

Public: 자동문에 녹아든 '문 잡아 주기' 문화

미국 방문이 처음이던 필자는 미국 문화 내에서 무례를 저지르지 않기 위해 알아야 할 에티켓을 몇 가지를 미리 찾아보았다. 그중 가장 인상적이었던 것은 '문 잡아 주기' 문화였다. 앞서 문을 여는 사람이 뒤에 오는 이가 통과할 때까지, 문을 잡아 주는 문화다. 이 행동은 미국에서는 너무도 당연한 것이기 때문에, 혹여나 나 혼자 문을 쏙, 지난다면 뒷사람이 닫히는 문에 부딪힐 수도 있다는 후기를 보았다.

아니나 다를까. 미국에 도착하자마자 앞사람들은 부담스러울 만큼 오랫동안 문을 잡아 주었다. 궁금증이 일어, 문 잡아 주기 문화의 역사[1]를 알아보니, 1800년대 후반부터 시작된 꽤 오래된 문화였다.

하지만 아무리 당연하게 여기는 일이라 하더라도, 문 잡아 주기에 귀찮음을 느끼는 이도 분명 있지 않았을까? 누군가는 '누가 자동으로 문 좀 잡아줬으면 좋겠다'고 생각하지 않았을까. 실제로 그렇게 생각한 사람들이 많았는지, 미국의 공공시설 여러 곳에서 '오토매틱 도어automatic door'를 쉽게 볼 수 있었다.

---

1   Felix M. Bathon(2018), "Holding Doors for Others: A History of the Emergence of a Polite Behavior", *InterDisciplines. Journal of History and Sociology*, 9(2). 1800년대 후반부터 각종 저서에 '문 잡아 주기' 문화가 언급되기 시작한 것을 확인하면서, 해당 문화는 여성의 후프 스커트(치마폭을 부풀리는 속옷)으로 인해 문 출입에 시간이 걸리는 것을 도와주는 매너에서 시작되었다고 추측한다.

조금만 밀면 자동으로
최대로 젖혀지고, 천천히
닫히는 오토매틱 도어.

오토매틱 도어는 일반 자동문과 다르게 작동한다. 에티켓을 위해
고안된 이 발명품은 사람이 출입문을 일정 수준 이상 면적으로 밀면,
문짝이 자동으로 끝까지 젖혀지면서 몇 초간 열린 상태로 유지된다.
그러니까 딱 앞사람이 문을 잡아 줄 만한 그 시간 동안, 뒷사람이 지
나갈 수 있도록 멈춘 뒤, 천천히 닫힌다. 이는 부피가 큰 캐리어를
끌고 다니는 여행자 입장에서 도움이 되었다.

그럼 한국에서 주로 쓰이는 자동문과는 어떤 차이가 있을까. 아무
래도 통행자가 직접 문을 밀어야 하니 센서가 오작동할 확률은 오토
매틱 도어 쪽이 훨씬 낮을 것이다. 비둘기가 문 앞을 오가도 문이 열
리거나, 키가 작아 센서에 감지되지 못해, 문이 열리지 않는 상황 또

장애인이 편리하게 사용하도록
휠체어 사용자의 눈높이에 설치된
오토매틱 도어 개폐 버튼.

한 적게 발생할 것이라 추측한다. 한국의 자동문 같은 경우, 유동 인구가 많은 곳에서 쉴 새 없이 여닫히며 전력이 낭비되는 모습을 쉽게 볼 수 있다. 반면 오토매틱 도어는 시간 안에 터치만 한다면, 계속 개방되어 있으니 더 효율적이다.

배리어프리 디자인[2] 측면에서도 '문 열기'는 중요하게 다루어지고 있는 듯했다. 휠체어를 타고 있는 사람의 눈높이에 있는 문 열림 버튼은 인상적이었다. 앞서 말한 오토매틱 도어 작동을 위해 문을 조금 미는 것도 어려운 사람들을 대상으로 문 안팎으로 버튼을 마련해 놓은 것이다.

---

2 장애인 등이 일상생활에서 부딪히는 장애물 없이 편리한 생활을 할 수 있는 환경을 만들기 위해 고안된 디자인(국립장애인도서관 홈페이지 참고).

기술의 발전에 따른 혜택은 구분 없이 모두가 누릴 수 있어야 하기에, 장애 친화적 서비스를 갖춘 그 모습이 부러웠다. 최근 한국에서도 장애인 이동권 이슈가 부상했다. 각 집단 간 이해관계와 상관없이 비장애인 및 장애인 편의시설에 관한 사안은 함께 고민되어야 하며, 기술의 편익 또한 동시에 적용받아야 한다고 사료된다.

결국 문화와 예절은 배려에서 비롯된 것이고, 이는 좀 더 편안하고 불쾌감 없는 공동생활을 위해 다년간에 걸쳐 확립된 규범이다. 오토매틱 도어는 성별, 나이, 신체적 차이와 상관없이 다 함께 더불어 사는 데 도움을 줄 발명품이 나오려면 기술을 적용할 때 반드시 인문학적 이해가 동반되어야 함을 일깨운다. 우리나라의 문화예절에 담긴 배려와 존중은 어떤 시사점을 줄 수 있는가? 모두가 이용하는 공공시설에 공동체 정신은 얼마나 녹아들어 있는가.

Package: 매우 친절한 동시에, 불친절한 미국 배송 시스템

공교롭게도 미국의 서비스를 깊게 체험할 수 있는 사건이 있었다. 미국에 도착한 지 3일 만에 휴대폰이 박살난 것이다. 숙소에 도착하자마자 임시 핸드폰을 아마존에서 주문했고, 다행히 다음 날 밤에 도착한다는 확인 메시지를 받았다. 그런데 2, 3일이 지나도 알 수 없

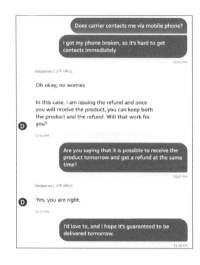

핸드폰 배송 지연에 대해
물건 배송과 환불을 안내하는
아마존 고객 서비스의 채팅 내용.

는 이유에 의해 반송되었다. 다음 날 다시 시도하겠다고 했지만, 필자는 수령 예정지를 떠나 다른 지역으로 이동해야 하는 상황이었다.

미국의 서비스는 어떤 면에서 매우 친절하다. 상품 상태가 어떻건, 고객 책임이 얼마나 되는지 묻지도 따지지도 않고 교환 및 환불을 해 준다는 소문이 자자하기 때문이다.

이번 핸드폰 배송 지연 건에서도 "불편을 드려 죄송하다. 물건은 물건대로 배송하고, 환불도 진행해 주겠다"는 친절한 답을 받았다. 그래서 믿고 기다렸건만, 해당 메시지를 받은 다음 날에도 택배는 도착하지 않았다. 더 이상 문 앞 배송을 신뢰할 수 없어 픽업 시스템을 이용하기로 했다. 한국 공용주택에서 볼 수 있는 '안심 택배함'처럼 특정 장소로 상품을 배송하면 고객이 직접 가서 수령하는 것이다.

필자의 핸드폰을 수령한
세븐일레븐의 아마존 로커.

픽업을 선택한 판단은 틀리지 않았다. 드디어, 속 시원히 핸드폰을 받아 볼 수 있었다. 미국의 배송 문제를 미리 알았다면 미련하게 배송을 계속 기다리지 않았을 텐데, 왜 진작 픽업으로 바꾸지 않았을까 후회했다. 픽업 서비스의 장점을 뼈저리게 경험할 수 있었던 기회였다.

픽업 장소는 세븐일레븐7-Eleven의 다락 창고 한구석에 설치된 '아마존 로커Amazon locker'였다. 아마존 홈페이지에서 물건 확인 코드를 로커의 화면에 입력하면, 잠금이 해제되는 방식이다. 미국 프랜차이즈 중에서 접근성이 가장 좋은 편의점, 세븐일레븐을 도심 물류센터로 삼은 점은 한국의 편의점 택배를 떠올리게 했다. 다시금 한국 배송시스템의 다양성과 탁월성에 감사하는 계기였다.

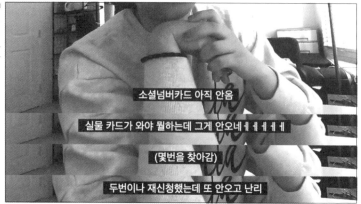

소셜넘버카드 아직 안옴

실물 카드가 와야 뭘하는데 그게 안오네ㅔㅔㅔㅔ

(몇번을 찾아감)

두번이나 재신청했는데 또 안오고 난리

여행 유튜버 '원지의 하루'의 미국 이민 브이로그에서도
배송이 지연되어 센터로 직접 찾아갔던 일화가 나온다.

　　미국의 이런 배송 문제는 비단 필자만 겪은 것이 아니었다. 소셜
넘버카드 수령에 문제를 겪었다는 한 유튜버의 경험담이 있는데, 이
는 공공기관의 일 처리 문제라고 볼 수도 있으나 배송에 시원찮은
일들이 빈번히 발생한다는 사실은 확실하다. 그러한 측면에서 미국
에 도심물류센터의 확산은 더욱 중요해 보인다. 약속된 장소에 물건
을 가져다 놓기만 하면, 자동 로커 시스템 덕분에 배송지 오류나 분
실은 걱정 없기 때문이다.

　　코로나 19 이후, 배송 시장 내에서 '라스트마일 딜리버리Last Mile
Delivery'3가 화제이다. 드론 배송, 무인 로봇 배송 등 다양한 라스트

3　물류업체가 상품을 소비자에게 직접 전달하기 위한 배송 마지막 구간을 뜻한다
　　(삼정 KPMG 이슈모니터 참고).

마일 배송 방법이 개발되고 있는데, 이들에게도 배송지의 정확성과 신속성을 어떻게 달성할지가 관건일 듯하다. 미국의 고객 불만 처리는 아주 친절했지만, 배송 과정에서 고객 불만이 발생하지 않도록 조치하는 일도 중요해 보인다.

Private: 고객이 아니면 접근금지!

자본주의의 핵심은 사유재산을 엄격히 인정하는 것이다. 사유재산 제도의 메커니즘은 간단하다. 서비스, 상품에 상응하는 돈을 냈다면 따지는 것 없이 그에 맞는 권리를 제공하고, 그렇지 않다면 엄격하게 서비스 사용과 상품의 소유가 금지된다. 한국인으로서는 '정 없다'고 생각할 수 있지만, 미국을 지배하고 있는 가치관이 그러하다. 미국에서 '공짜는 없다'는 사실을 느꼈던 경험이 두 가지 있다.

첫 번째는 ATM 영업점을 출입할 때 겪었던 에피소드인데, 한국인이라면 여름에 에어컨을 잠시 쐬기 위해 볼일 없는 은행이나 ATM 영업점에 들렀던 적이 있을 것이다. 미국은 영업점 피서가 불가능하다. 영업점에 입장하기 위해서는 반드시 카드 인증을 거쳐야 하기 때문이다. 리더기에 유효한 카드를 인식시켜야만 출입문이 열린다. 노숙자가 상대적으로 많다는 이유와, 그들이 총기를 소지했을 가능성 때문에 인증 보안 시스템을 갖추지 않았을까 싶다.

ATM 지점 출입문에 달린 카드 리더기(왼쪽).
이마트24에 설치된 스마트 출입 인증기(오른쪽).

한국에 없는 방식은 아니다. 이마트24 무인점포에서 비슷한 출입 인증 기기를 본 기억이 있다. 이마트24의 스마트 출입 인증은 카드뿐만 아니라 네이버, 카카오 인증 QR 및 안심콜을 통해 가능하다는 점에서 차이가 있다. 서두에서 미국의 강력한 자본주의 가치관으로 이러한 시스템이 활성화되었다고 지적했다. 한국에도 무인점포가 늘어나고, 공간의 점유 또한 상품화되는 상황에서 이러한 출입인증제도가 확산되리라 짐작해 본다.

두 번째는 카페에서 와이파이도 그냥 쓸 수 없다는 점이다. 카페 와이파이에 연결하려면 메일로 마케팅 메시지를 받겠다는 체크박스에 동의해야 한다. 그렇지 않으면 로그인 버튼이 비활성화된다.

카페 주인 입장에서 카페를 이용하지도 않는 사람이 무료 와이파이를 쓰는 것은 못마땅한 일이지만, 한국에서는 카페 와이파이에 비밀번호를 걸어 두는 방식으로 해결하곤 한다.

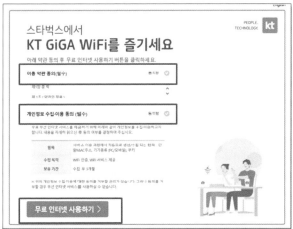

미국에서는 마케팅 수신에 동의해야 와이파이를 사용할 수 있다(위).
한국에서도 마케팅을 위한 개인정보 수집에 동의해야 와이파이를
사용할 수 있는 경우가 많다(아래).

한국 프랜차이즈 중에서는 와이파이 연결에 개인정보 수집 동의를 눌러야 하는 스타벅스가 가장 비슷한 시스템이라 볼 수 있다. 그런데 필자가 경험한 미국 카페, 그레고리 커피는 쿠키 수집뿐만 아니라 마케팅 수신까지 동의하게 하여 마케팅 채널로까지 철저히 활용하겠다는 의지가 느껴졌다.

매우 자세한 고객의 행동 패턴 하나하나를 수집하여 고객데이터를 축적하고 이를 활용한 마이크로 마케팅이 발달하면서, 돈은 지불하지 않는 대신 개인의 정보를 내주어야 하는 상황이 많아졌다. 수많은 SNS와 포털에 발자취를 남길 수밖에 없는 현실이지만, 상업적 용도로 이용되는 개인정보의 범위가 점차 늘어나고 있음을 인지해야 한다.

Purchase: 결제 방식의 미래 엿보기

4차 산업혁명 트렌드와 함께 대두되는 이슈 중 가장 큰 사안은 자율화 및 무인화에 따른 일자리 감소일 것이다. 한국에는 무인 아이스크림 점포부터 시작해 각종 대형마트에도 셀프계산대 비중이 점점 늘어나고 있다. 미국에서 가장 흔하게 볼 수 있는 드러그스토어 'CVS'에서도 대부분이 셀프계산대에서 결제가 이루어졌다.

특이한 점은 키오스크에서 현금 결제까지 가능하다는 점이다.

드러그스토어와 CVS의 셀프계산대. 카드결제뿐만 아니라 현금결제도 가능하다.

키오스크에 현금을 넣을 수 있는 투입구가 있으며, 자판기처럼 현금을 넣으면 거스름돈을 반환해 준다. CVS뿐 아니라 '타겟', 각종 오가닉 마켓 등 대형 점포라면 대부분 셀프계산대를 도입한 듯했다.

키오스크 외에, 주로 카드를 단말기에 '태그'하여 결제하는 방식이 결제 과정에서의 또 다른 차이점이었다. 우리나라에서는 대부분 카드를 꽂아 IC칩을 인식시키거나, 마그네틱 부분을 긁어 결제한다. 그러나 미국뿐만 아니라 해외에서는 단말기 근처에 태그하면 자동으로 결제되는 '콘택트리스' 방식이 만연하다.

콘택트리스 결제는 NFC 비접촉 결제 규격으로, 주파수로 데이터를 주고받기 때문에 다른 결제방식보다 훨씬 빠르고 보안에 강하다는 특징이 있다. 이미 스마트폰으로 결제할 때 NFC 비접촉 결제를 사용하나, 아직 우리나라 실물 카드에는 콘택트리스 기능이 거의 없다. 비자, 마스터 해외 겸용 카드를 중심으로 콘택트리스

미국에서는 상점의 계산대에 비치된 태블릿에 고객이 직접 카드를 태그하며
결제 관련 정보를 입력할 수 있는 결제 방식이 일반화되어 있다.

카드가 출시 중이므로 빠른 시일 내에 콘택트리스 결제가 일반화
될 수 있을 것이다.

추가로, 계산대에서 볼 수 있는 이색 풍경은 계산대에 포스기가
있더라도 반드시 태블릿을 비치해 두는 모습이다. 아마 팁을 고객
이 직접 선택하기 때문일 것이다. 손님을 향해 있는 태블릿을 통해
팁 선택뿐만 아니라 영수증 수령 여부, 영수증을 받을 이메일 주소
입력, 개인정보 동의 확인 등 결제에 필요한 다양한 사항을 고객이
직접 입력한다. 우리나라에서 흔히 물어보는 "영수증 드릴까요?"
라는 물음을 미국에서 듣지 못한 이유가 여기에 있다.

이처럼 미국에서 직접 결제해 보면서, 다양한 방법으로 인력의
소모를 아낀다는 점을 깨달았다. 그런데 무인점포는 한국보다 많
이 활성화되지 않았다는 사실이 의아하다.

앞서 언급한 ATM 영업섬을 제외하고는 반드시 한 명 이상의 점원이 매장이 상주해 있었다. 우리나라의 무인 아이스크림 가게, 무인 편의점처럼 운영하기에는 보안 이슈가 있지 않을까 싶다. 만약 절도 및 악용을 방지할 혁신적 보안 기술이 등장한다면 곧 오프라인 상점 시장에 큰 변화가 찾아올 것이다.

Physical: 아직은 실물이 익숙한
미국의 아날로그 감성

많은 일을 디지털로 진행할 수 있지만, 그럼에도 실제 물건과 상호 작용해야 하는 서비스가 있다. 이것을 'O2O^{Online to Offline, Offline to Online}' 서비스라고 부른다.

미국에서 사용해 보거나 목격한 O2O 서비스들을 살펴보자. 먼저, 공공자전거 시스템이다. 한국의 '따릉이'와 같은 공공자전거가 미국에는 '블루 바이크^{Blue Bike}'라는 이름으로 존재한다. 우선 따릉이는 앱으로 이용권을 결제, 스마트폰으로 자전거의 QR코드를 인식하여 잠금을 해제해야 한다. 블루 바이크 또한 앱으로도 결제 가능하지만, 더불어 오프라인 키오스크에서도 결제할 수 있다.

블루바이크 대여소에 있는 키오스크에서 이용권을 구매하면 일련번호가 적힌 영수증을 출력해 준다. 자전거가 묶여 있는 거치대에 영수증의 해당 번호를 입력해야 자전거 잠금이 해제되는 원리다.

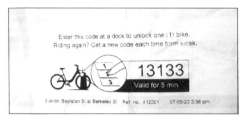

블루 바이크 키오스크에서 발급받은 티켓.

거치대의 번호 입력판에는 1, 2, 3, 세 가지 숫자밖에 없다. 하지만 5분 동안만 유효하다는 조건하에 1, 2, 3의 조합으로 식별 가능한 번호 배열을 만들어 낸 것이 매우 효율적이었다.

　미국에서 약 일주일 동안 개인 휴대폰 없는 상태로 지내 본 필자는 핸드폰 없이, 어플리케이션 없이도 사용 가능한 서비스가 무척 소중하게 여겨졌다. 현재 스마트폰 보급이 거의 포화 상태임에도 사정이 생겨 스마트폰, 혹은 온라인 서비스 이용하지 못하는 사람들까지 누릴 수 있는 방안도 염두에 두어야 할 것이다.

　왜 미국 주택은 나무문에 열쇠 잠금장치를 쓰는지 궁금해 본 적 있는가? 아날로그 잠금장치에 나무문을 쓰는 것은 한국인의 시선에서는 보안에 취약하게 느껴지기만 한다. 자재 원가 문제와 소방법으로 미국 주택의 90%가 목조 주택이며,[4] 그에 따라 문 또한 나무로 만들고, 열쇠로 문단속한다.

---

[4]　2019년 전미주택건설업협회(NAHB: National Association of Home Builders) 조사에 따른 수치이다.

미국 편의점에 설치된 열쇠 복사 자판기. 자동으로 복사된 열쇠는 고객에게 우편 배송된다.

비밀번호에 카드키, 지문인식까지 지원하는 우리나라 도어락과 비교하면 보안에 매우 취약해 보인다. 미국에서는 예전부터 열쇠를 사용하는 문화, 그리고 이웃끼리 서로 감시하는 역할을 하는 동네 문화가 맞물려 지금까지도 아날로그식 열쇠를 쓴다고 한다. 따라서 가족 구성원이 각자 열쇠를 소지하는 것이 중요하다.

이런 문화를 바탕으로 편의점에 열쇠 복사 자판기가 있는 것이 인상적이었다. 중앙의 동그란 삽입구에 복사하고자 하는 열쇠를 꽂고, 재질을 선택한 뒤 결제하면 3~4일 후에 우체국을 통해 복사된 열쇠가 집으로 배송된다. 한국에서 '열쇠 복사'를 떠올리면 작은 철물점이나 컨테이너에서 장인이 수작업으로 복사해 주는 광경이 연상되는데, 미국에서는 무인 자판기로 열쇠를 언제든 복사하는 광경

미국 동전 교환기 '코인스타'.
동전을 투입하면 지폐나
기프트 카드로 교환해 준다.

이 새로웠다. 아날로그적 잠금 방식은 남아 있으나, 그 잠금 장치를
만들고 또 수령하는 방법이 발달한 점이 흥미로운 부분이었다.

또 다른 미국의 아날로그 문화는 동전 교환이다. 10원, 50원,
100원, 500원, 네 종류로 이루어진 한국의 것과 달리 미국의 동전
은 센트부터 1달러 동전까지 총 다섯 종류로 이루어져 있다. 고작
한 종류가 더 많음에도, 팁 등 이런저런 값을 치르느라 동전이 많이
생겨 정산하기 어려웠다. 이때 동전 교환을 위해 알아본 것이 '코인
스타coinstar'이다. 기계에 동전을 넣으면 그걸 크기별로 분류해 총
얼마인지 계산해 준다. 다음으로 해당 금액을 지폐나 기프트 카드
로 지급한다. 현금으로 수령하면 수수료가 12% 정도 차감되므로
대부분의 사람들은 코인스타 제휴사 기프트 카드로 받는다고 한다.

물론 한국처럼 동전을 은행에 가져가도 지폐로 교환해 준다. 하지만 모든 은행이 동전을 받지는 않으며, 종류별로 수량에 맞춰 동전을 포장한 후 방문해야 한다. 이를 위해 '코인래퍼coin wrapper'를 은행에서 받거나, 별도로 구매해야 하고, 일일이 직접 동전을 세어 포장해야 한다는 점이 불편하다. 교환 후기를 보면 포장해 간 묶음 내 동전 개수를 자세히 확인하지 않는다고 한다. 악용 가능성이 보이나 큰 피해는 없으리라 판단했기 때문일까. 게다가 미국 은행은 고객에게 입수한 동전 외에 추가 물량을 확보해 놓지 않아서, 누군가 동전 교환을 하지 않으면, 지폐를 동전으로 바꾸려는 사람은 그냥 돌아가야 하는 경우도 있다고 한다.

아날로그 방식은 한편으로는 더 많은 선택지를 제공하기도 하지만, 또 한편으로는 소비자가 불편을 감수해야 하는 경우가 있다. 카드 사용량이 현금 사용량을 앞선 현시점에, 우리는 어떠한 방식으로 잡음 없이 또 차별 없이 디지털 전환을 이룰 수 있을지 미국을 반면교사로 삼아 고민해 볼 필요가 있다.

미국의 동전 포장지 '코인래퍼'.
미국 은행에서 동전을 교환하려면
종류별로 동전을 분류하고 코인래퍼로
포장해야 한다.

3

춤을 추며 절망이랑 싸울 거야

채문철 미디어학부 22학번

춤을 추었다. 무려 미국에서.

무척이나 자유로웠다.

깊게 생각했다. '내 춤'에 대하여.

'영감'이란, "창조적인 일의 계기가 되는 기발한 착상이나 자극"[1] 이라 정의 내릴 수 있다. 이러한 영감을 받고 천재적 업적을 이루어 낸 많은 예술가의 이야기도 있는 한편, 영감 따위에 의존하지 말고 해야 할 일을 찾으라는 말 역시 존재한다. 나 역시 영감에만 의존한 채 무언가를 행하는 편은 아니지만, 미디어 루키스(시즌 3 – 에피소드 2) 프로그램에 참여하여 미국을 다녀온 뒤 쓰는 이 글에서는 영

---

[1] 국립국어원에서 펴낸 《표준국어대사전》에서 '영감'의 정의를 참고했다.

감에 대해 이야기하고 싶었다. 미국에서의 15일은 매 순간이 나에 겐 그 자체로 '영감'이었다.

춤생: 나의 인생과 스트리트 댄스의 역사

어릴 적부터 음악과 춤을 좋아했던 나는 장기자랑이나 학예회 같 은 자리에서 춤을 추며 장기를 뽐냈고, 그럴 때마다 주변 친구들이 나 어른들로부터 "좀 춘다"는 말을 들으며 자라왔다.

하지만 나 역시도 춤을 대중가수가 추는 춤인 '방송 댄스'를 통해 서만 접했을 뿐, 춤이라는 분야에 대해 전문적으로 아는 것은 아니 었다. 고등학교 시절 댄스부 선배들과 매주 학교에 와서 춤을 가르 쳐 주신 강사님은 내게 발레, 한국무용과 같은 우아한 무용보다 원 하는 대로 마음껏, 즐겁게 자신을 표현할 수 있는 '실용무용'의 세 계를 알려 주셨다. 그렇게 2020년 11월, 한창 입시 준비를 시작할 시기인 고등학교 2학년에 나는, 처음으로 댄스 학원에 가서 스트리 트 댄스street dance를 배우게 되었다.

스트리트 댄스란, 고전 무용과 대조적으로 1960년대 이후 특정 형식이나 목적, 장소 등에 얽매이지 않고 언제 어디서든 자유롭게 출 수 있는 모든 대중문화적 춤을 일컫는다. 비보잉, 팝핑, 락킹 등 의 올드스쿨 장르, 그리고 뉴스타일 힙합, 왁킹, 하우스, 크럼프와

ⓒ 김강민

보스턴 퍼블릭 가든에서.
미디어 루키스 여행에서 나는
미국 거리를 자유롭게 활보하면서
춤과 인생에 대한 영감을 얻었다.

같은 뉴스쿨 장르가 이에 속한다.[2] 1970년대 미국에서 유행한 흑인과 히스패닉의 거칠고 격렬한 음악을 펑크 음악[3]이라고 하는데 리듬 위주로 이루어져 있어, 역동적인 춤 동작을 기반으로 한 스트리트 댄스 장르의 초기 형태를 만드는 데에 기여했다. 1980년과

---

2 김상우(2012), 《스트리트 댄스: 현대 대중 무용의 역사》, 좋은땅. 스트리트 댄스의 정의 부분을 인용했다.
3 민은기(2022), 《대중음악강의》, 북커스. 펑크, 힙합, 댄스 음악 부분 중 디스코 부분을 참고했다.

1990년대의 미국 도심의 흑인 청년층 사이에서 유행한 음악, 미술, 춤, 언어, 패션 등을 모두 포함하는 스트리트 문화 현상의 일종인 힙합 역시, 펑크를 기반으로 한 스트리트 댄스와는 다른 새로운 형태의 장르들을 개척하면서 스트리트 댄스가 더욱 발전하는 데 기반이 되었다.

내가 좋아하는 춤을 더 깊게 배우기 위해 알아가고 연습하는 과정이었음에도, 학원에서 새롭게 시작한 나의 '춤생'은 생각보다 쉽지 않았다. 나름 잘한다는 소리만 들으며 춤을 춰 왔던 나지만, 난생처음 접하는 춤을 배우고 따라 하는 거울 속 내 모습은 그야말로 '뚝딱'대고 있었다. 이러한 경험은 한창 나의 청소년기를 지배했던 부족한 자존감이 더 날뛰는 계기를 마련하며 나조차 내 춤을 좋아하지 않은 시기를 보냈다. 비록 '내 춤'을 좋아해 주진 못했지만, 그럼에도 춤을 포기하고 싶은 생각은 전혀 없었다.

스트리트 댄스라는 이름은 이 춤이 길거리에서 추는 춤이기 때문이 아니다. '스트리트 문화'를 대표하는 춤이기 때문에 그렇게 불리는 것이다. 우리가 서울의 강남, 미국의 뉴욕과 같은 대도시의 길거리를 걸을 때, 전광판에서 번쩍이는 미디어와 광고, 길거리의 수많은 가게에서 흘러나오는 음악, 사람들의 패션 등 그 당시에 유행하는 모든 문화의 집합체를 느낄 수 있다. 이러한 스트리트 문화에서 파생된 스트리트 댄스는 '젊음의 문화'로도 불리면서, 그 자체로 자유, 심지어는 저항을 상징하기도 한다.

2022년 가을, 동아리 공연 프로모션 영상 촬영 중인 나의 모습.
와킹의 요소 중 특히 '포즈'가 잘 나타난 동작을 취했다.

그때의 나는 그저 '잘 추는 사람'이 되고 싶었다(물론 지금도 마찬
가지긴 하다!) 춤을 사랑했기에, 내 춤을 사랑하고 싶었기에 입시 준
비에만 매진하기도 모자란 시간, 온종일 댄스 학원에서 시간을 보
냈다. 춤과 학업을 병행하던 그 과정에서 오히려 새로운 일주일을
시작할 힘을 얻으면서 덕분에 고3이란 힘든 시절을 버틸 수 있었다.

그렇게 수능 한 달 전까지도 주말마다 학원에서 춤을 배웠던 나
는, 단순히 취미 활동만 아니라 앞으로의 삶을 위해 춤과 관련짓기
쉬우면서 함께할 수 있는 전공 분야를 찾아 지원했다. 그 결과 고려
대 미디어학부에 입학하여 2022년 6월 중앙 스트리트 댄스 동아리
'KUDT'에 가입, 지금까지 열심히 활동하고 있으며, 또한 1년 후, 미
디어 루키스 프로그램을 통해 미국에 방문할 기회를 갖게 되었다.

지금 내가 추는 춤은, 스트리트 댄스 가운데 와킹Waacking 장르를

기반으로 하고 있다. 와킹은 그 목적부터 춤을 위해 만들어진 파티 음악, 디스코에 어울리는 동작을 기반으로 발달한 춤이다. 이 춤은 곧 사회적 혼란기에 그 자체로 자유와 해방을 상징하게 되었고, 덕분에 흑인, LGBT+ 같은 소수자들도 즐길 수 있는 춤이 되었다. 와킹은 팔을 머리 너머로 돌리는 동작인 트윌Twirl과 팔과 손을 쭉 뻗어 마치 무언가를 후려치는 듯한 느낌을 주는 와Waack이라는 동작을 바탕으로, 각자가 가진 신체적 특징이나 매력을 마치 할리우드 영화 캐릭터처럼 생동감 있게 보여 줄 수 있는 아름다운 춤이다.

영감: 모든 것은 '연결'되어 있기도 하지만 아니기도 하다

미국에 간다는 얘기를 들었을 때, 설레게 하던 것 중 하나가 바로 그곳에서 춤을 출 수 있다는 사실이었다. 지금의 내 춤을 있게 한 스트리트 댄스의 본고장인 미국에서, 그것도 스트리트 댄스의 성지인 뉴욕을 포함한 미국 동부의 한가운데에서 춤을 출 수 있다니. 특히나 스트리트 댄스에서 가장 중요시되는, DJ가 튼 음악에서 다양한 요소를 찾아 즉흥적 동작을 통해 몸으로 표현하는 프리스타일 댄스를 즐겨 추는 내게, 이 일은 내 춤생 그 자체와도 같은 자유를 누리는 것과도 같았다.

미국에서 성말 많은 영감을 얻어 오리라 기대했던 나에게 2주 동안의 시간은 역시 하나같이 영감으로 가득 찬 시간이었다. 내가 찾은 가장 큰 영감은 상상도 못했던 곳에 있었다. 하버드대학에서 메타랩을 운영하는 제프리 슈냅Jeffrey Schnapp의 피아지오 패스트 포워드라는 기업을 방문한 날이었다. 그가 대학교수이자 사업가, CEO로서 경영하고 있는 기업의 현장 아주 가까이에서, 대학에서 연구하는 주제들과 기업을 통해 앞으로 이루고 싶은 목표와 세계관에 대해 직접 들어볼 수 있는 경험은 그 자체로 의미 있었다. 그런데 나를 관통한 영감은 나 자신도 전혀 상상하지 못했던, 남들이 본다면 생뚱맞다고 생각할, 자신의 연구 업적을 소개하려는 목적으로 그가 보여준 하나의 프로젝트였다.

코로나19가 한창 세계를 지배하고 있던 팬데믹 시기인 2020년 11월부터 2021년 11월까지, 여성 운동 분야에서도 거대한 흐름이 발생하고 있었다. 한국도 이미 거쳐 간, '미투 운동'이 연구의 주제였다. 트위터와 같은 소셜 미디어에서 발생한 '미투'라는 키워드와 관련된 수많은 단어 데이터들이 어떠한 흐름을 가지는지, 어떤 네트워크를 형성할지가 많은 연구자의 관심사였지만, 이 프로젝트에서는 약간의 다른 관점을 취했다.

'미투'라는 여성 운동, 사회 운동과 관련된 키워드가 포함된 트윗 데이터는, 보통 그 운동을 학술적으로, 또는 비판적으로 사고하면서 만들어진 양질의 토론을 위한 트윗보다는 거대한 혐오, 편견으로 둘러싸인 바이럴 트윗들이 더 많다. 이를 네트워크라는 흐름과 '연결' 짓고자 한다면, 미투 운동이 전 세계에 미친 영향이나 의미, 본질을 오히려 찾지 못할 것이다. 이러한 접근으로 만들어진 미투 운동 '안티네트워크' 프로젝트[4]는 단순한 색채와 선적인 형태의 데이터로 이루어져 있다. 시각화된 결과물에 대해 제프리 교수는 "모든 것은 연결되어 있기도 하지만, 아니기도 하다"라고 가볍게 지나가듯 말했다. 하지만, 나는 그 말에 어마어마한 영감을 받았다.

　미국에서 수십 년 전에 만들어지기 시작한 춤을 한국에서 태어난 내가 추기까지, 또한 그 춤을 다시 미국에서 추기까지, 그 과정에서 투입된 수많은 사람, 시간, 땀과 노력을 생각해 보았다. 스트리트 댄스의 기본 정신은 상대의 춤을 존경respect하는 것이다. 당신이 지금의 춤을 추기 위해 쏟은 땀과 노력이 춤 안에 그대로 녹아 있기 때문에, 당신이 지금의 춤을 출 수 있게 도와주신 수많은 선배님과 선생님, 장르 창시자의 마음이 당신의 춤에 고스란히 남아 있기 때문에, 내 춤과 마찬가지로 상대의 춤 역시 존경할 수밖에 없는 것이다.

　시간과 공간으로 이루어진 세계에서 우리가 살고 있는 이 우주 속 티끌과도 같은 지구라는 행성, 그리고 70억이라는 거대한 숫자로만 감히 짐작해 볼 수 있는 많은 사람들 중에서, 춤을 추는 (여전히 많은)이들 사이의 관계는 결코 '연결'만으로는 설명할 수 없을

4　Kim Albrecht(2022), "#MeToo Anti-Network", Crossref.

것이다. 춤을 추는 모든 댄서들은 각자가 가진 철학을 바탕으로 각자의 춤을 보여 준다. 즉 개개인은 '단절'되어 있으나, 그러한 단절 안에는 분명 '연결'이 있음이, 제프리 슈냅 교수의 지나가는 말에서 내가 찾은 영감이었다.

한국의 락킹 댄서, '두락' 선생님께서는 청소년 배틀 행사에서 예선을 마쳤을 때, 행사를 진행하는 MC이자 자라나는 새싹 댄서들에게 선배로서 조언을 남기셨다.

당신께서도 춤을 막 시작하던 때를 떠올리며, 배틀 행사에서 고배를 마시고 절망하여 행사장을 떠나고 싶기까지 했었다고. 그럼에도 행사에 참가하는 자신만큼이나, 열정을 가진 다른 참가자들을 또 이러한 행사를 기획하고 돕는 수많은 선배들을 보면서, 스트리트 댄스 신을 향한 모두의 에너지를 느낄 수 있었다고. 그렇게 우리 모두 성장할 수 있다 믿게 되었다고 말이다.

보스턴 퍼블릭 가든에서 자연을 만끽하면서 느꼈던 싱그러움과 따스함의 영감, 뉴버리의 길거리 공연들을 보면서 느꼈던 생동감과 에너지의 영감, 뉴욕의 고층 빌딩과 수많은 사람들 속에서 살아 숨 쉬는 하나의 인간이자 생명체로서 느꼈던 생명력과 숭고함의 영감도 크게 남아 있다. 그렇지만 뜻밖의 장소에서 마주했던 그날의 영감은, 내 춤의 본질과, 나와 연결되면서 단절되는 존재인 세계의 본질에 대해 생각해 볼 수 있게 한 이번 여정에서 얻은 가장 위대한 경험이었다.

내가 존경하는 춤 선생님들과 함께. (위의 왼쪽부터 시계 방향으로) 미국에서 보깅과 와킹을
가르쳐 준 씨 프리모(Thee Primo), 조지아 조조이 비탈리(Giorgia Jojoy Vitali),
〈스트리트 우먼 파이터 2〉에 '마네퀸' 크루로 출연한 윤지, 쎄라, 왹씨 선생님과 함께했다.

나: 꿈과 춤 그리고 라스트 댄스

사실 수많은 댄서가 말한다. 댄서로서 자신이 추는 '춤'과, 춤을 추고 있는 '나'를 분리해야 한다고. 미국보다도 훨씬 작은 땅덩어리에서도 춤을 사랑하는 사람들이 많은 한국이라는 특수한 환경에서, 투잡이 일상인 댄서들의 상황을 고려해 본다면 자연스럽게 떠오르는 말이기도 하다.

나 역시도 여전히 조금 더 나은, 이상 속의 '내 춤'을 좇는 동시에, '나'와 '춤'을 분리할 수 있는 삶을 찾고 있다. 내가 진심으로 사랑하는 예술, 춤과 평생을 함께 살아가고 싶은 마음이 드는 동시에, 거울 속의 나를 한없이 갉아먹는 춤과 나를 분리해야겠다고 다짐한다. 작은 것에도 영감을 느끼며 그만큼 생각은 많지만, 여전히 세상에 대해, 심지어 '나'라는 사람에 대해서도 아직 잘 알지 못하는 삶을 살고 있다.

그럼에도 불구하고 이번 미디어 루키스 프로그램을 통해 방문한 미국에서의 경험은 분명 나에게 정말 의미 있는 연결이자 단절이 될 것이다. 이번 여정에서 MIT 미디어랩을 방문하며 미디어라는 나의 전공이 그저 단순한 언론, 정보, 파급의 수준에서만 머무르는 것이 아니라, 기술과 접목하여 사회의 모든 부분과 연결될 수 있는 분야임을 다시 한번 절감할 수 있었다.

특히나 내가 사랑하는 예술 분야와 직접적으로 연관된 '미래 스케치'나 '미래의 오페라'와 같은 랩에서 진행한 프로젝트에서, 준비 기간에 공부하며 간접적으로 접했던 산출물들을 직접 눈앞에서 마주하면서 프로젝트의 의의와 의미에 대해 토론하고 배울 수 있는 뜻깊은 시간도 가졌다. 미디어 루키스 여정 전에는 추상적이고 포괄적으로 뭉뚱그려져 있었던 나의 꿈을 앞으로 어떻게 현실에서 펼쳐 나갈지 생각해 보았다. 예술과 기술을 함께 학문적으로 접근하는 가장 성공적인 예시를 직접 현장에서 배우며 앞으로 어떤 공부를 계속해 나가야 할지에 대해서도 방향을 잡아갈 수 있었다.

디스코 음악이 낳은 디바, 도나 서머Donna Summer의 노래 중에 라스트 댄스Last Dance〉라는 음악이 있다. 〈스트리트 우먼 파이터〉에 출연한 한국 와킹계의 대모, '립제이' 선생님이 저지 쇼케이스에서 사용한 음악이다. '마지막 춤'이라는 그 의미처럼 아련한 멜로디와 디스코 특유의 신나는 리듬이 어우러진 많은 사람들이 손꼽는 명곡이다. 나는 이 노래를 들으며 매번 내 생애 마지막으로 출 춤의 아련함과 숭고함에 대해 상상하곤 했다. 노래 가사 내용과는 살짝 차이가 있지만 마지막 춤을 홀가분히 추겠다, 이런 메시지 이상의 영감을 최근에 받았다. 내 생애 마지막이 될 때까지 나는 춤을 '지속한다last'는 뜻으로 받아들인 것이다.

2023년 9월 9일 연세대 중앙 스트리트 댄스 동아리 'Harie'와 고려대 중앙 스트리트 댄스 동아리 'KUDT'가 함께 주최한 〈스

미디어 루키스 여행을 마치고 한국에 돌아와 처음 섰던 무대의 엔딩 장면.
고려대와 연세대의 스트리트 댄스 동아리가 함께 주최한 행사였다.

트리트 고연전〉의 회장단 오프닝 무대가 열렸다. 이 글을 쓰는
2023년 11월에 나는 또다시 공연을 준비하고 있다. 심지어 이번
에 주축으로서 마지막 정기공연에서 안무를 맡은 곡은 바로 〈라
스트 댄스〉.

　나는 앞으로도 춤을 출 것이다. 내 춤을 통해 돈을 벌고 일을 할
수 있는 기회도 찾을 것이지만, 그만큼 나의 삶을 안전하고 행복하
게 영위할 수 있는 방법에 대해서도 계속 고민할 것이다. 나에게는
무언가를 창작하는 일의 의미와 가치가 너무나도 소중하기에 앞으
로도 창작을 하면서 살고 싶지만, 창작은 그에 필요한 과정이나 노
력만큼의 보상을 받지 못하는 경우가 많다. 나를 책임질 수 있고 삶

을 충분히 행복하게 영위하게 해 줄 현실적인 본업도 진지하게 탐색하고 있다. 내가 사랑하는 예술을 다른 사람들에게 직접적으로 닿게 하는 공연과 전시 기획이 지금의 관심사이다.

그리고 이번 미디어 루키스 여정을 통해 다시금 느낀, 예술을 향한 내 마음을 바탕으로, 춤을 주제로 한 애니메이션 영화 제작에 참여하는, '픽사 스튜디오'와 함께 일하는 꿈을 갖게 되었다. 허무맹랑한 이야기 같지만 과거의 나와, 지금의 내가 좋아하는 일을 계속해 나가다 보면, 미래의 나도 분명 행복한 하루를 보내고 있을지도 모르니까. 일을 하고 춤을 추고 때로는 잠시 쉬어가고 하는 단절의 순간순간이 계속해서 이어지다 보면, 언젠가 뒤를 돌아봤을 때 그동안 찍어 놓은 단절의 점들이 하나의 선처럼 연결되어 보이는 날이 오지 않을까?

춤을 추었다. 미국에서.

나와 춤에 대해 생각했다.

어쩌면, 삶에 대해 조금이나마 깨달았다.

찰스강 공원에서 춤추는 나(왼쪽). 찰스강 산책 후 생각에 빠진 나(오른쪽).
사진처럼 순간의 영감을 춤으로 승화시켜 영원히 남길 수 있는 사람이 되고 싶다.

맞혀 봐요!
루키스 실전 문제

1. 다음 중, 루키스가 방문하지 않은 대학은?

① 하버드대학
② 에머슨대학
③ 보스턴대학
④ 펜실베이니아대학
⑤ 예일대학

CLUE

루키스는 보스턴에서 MIT, 에머슨대학, 하버드대학, 보스턴대학에, 뉴욕에서 뉴욕시립대학에, 펜실베이니아에서 펜실베이니아대학에 방문했습니다. 총 6개 대학에서 서로 경험을 공유하는 시간을 가졌고, 문학, 저널리즘, VR 등 다양한 분야에 대한 식견을 넓혔습니다.
참고로 예일대학은 미국 코네티컷 주 뉴헤이븐에 있는 아이비리그 사립대학으로 교양, 연기, 음악 교육 과정으로 유명합니다.

2. 루키스가 방문한 MIT 미디어랩을 모두 고르시오.

① 인간 역학
② 미래 스케치
③ 실감 미디어
④ 평생유치원
⑤ 미래의 오페라

CLUE

보기의 5개 연구소를 모두 사전 조사하고 발표했지만, 그중 3곳을 방문했습니다. 한 연구소는 책상에 색연필이, 벽면에는 알록달록한 레고가 가득 차 있어 마치 유치원과 비슷합니다. 이 연구소 입구에는 '스크래치 캣'이라는 주황색의 큰 고양이가 지키고 있답니다.

다음 연구소는 예술과 디자인을 위한 매체로서 소프트웨어와 컴퓨팅 기술을 활용하고, 개발합니다. 다양한 미래 작업 방법을 제시하고, 새로운 도구를 설계하기도 합니다.

마지막 연구소는 작곡, 연주, 음악 학습에 새로운 기술을 개발하고, 이를 혁신적으로 구성해 공연 예술로 발전시키고자 합니다. 설명만 들어도 흥미롭죠?

3. 루키스가 방문한 '뉴욕한국문화원'에 대한 설명으로 옳지 않은 것을 고르시오.

① 최근 한미동맹 70주년과 광복절을 기념해 고려청자 명장 특별전을 개최했다.
② 매년 다양한 전시회와 한국 영화 상영, 한국 음식 축제 등 문화 활동을 개최한다.
③ 고려대 미디어학부 김천수 선배님이 원장으로 계신다.
④ 인스타그램 계정은 'kccny' 이다.
⑤ 뉴욕한국문화원 홈페이지에는 프로그램 안내만 있을 뿐, 한국을 소개하는 내용은 없다.

CLUE

뉴욕한국문화원은 1979년 설립되었고, 한국 문화를 알리는 다양한 전시, 공연을 기획하고 있습니다. 루키스가 방문한 7월 19일에도 링컨센터와 공동으로 주최하는 'K-Indie Music Night' 행사가 예정되어 있었답니다. 문화원에는 고려대 신문방송학과를 졸업하신 선배님께서 계시고, 실제로 만났을 때 후배들을 굉장히 반겨 주셨어요. 그리고 'kccny'를 팔로우하시면 뉴욕에서 진행하는 한국 문화 공연, 전시 소식을 빠르게 받을 수 있답니다! 뉴욕한국문화원 홈페이지에서는 한국의 어떤 문화를, 어떻게 소개하고 있을까요?

4. 다음은 VR^{Virtual Reality}에 대한 설명이다. 빈칸을 채우시오.

> (   )은 컴퓨터로 만든 실제가 아닌 환경 혹은 가상세계를 만드는 기술, 그 자체를 의미한다. 한 이용자에 따르면, 건물 꼭대기에서 나무판자를 건너는 가상현실 체험이 실제로 건너는 것처럼 긴장되고, 걸음을 내딛기 힘들었다고 한다. (   )은 실제 공간에 이미지와 같은 가상 정보를 추가해 사용자가 많은 정보를 얻을 수 있게 한다. 예시로는 현 실세계에 인스타그램 카메라 필터나 포켓몬 GO 게임이 있다. (   )은 '확장 현실'을 뜻하며, VR과 AR을 통칭하는 개념이다.

5. AJ 미디어 루키스(시즌 3 - 에피소드 2) 프로그램의 영문명으로 옳은 것은?

① Love and Interest in the Media

② America, Here Come the Rookies!

③ Exploring the Media Age of Virtuality

④ Extra-curricular Study Abroad Program

⑤ 14 days of Learning and Fun

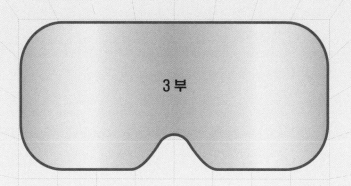

3부

내러티브
속의
문화

1

영화 속으로 들어가다

NYC, 우리 어디서 본 적 있나요?

정윤서 미디어학부 21학번

JFK 공항에서 우버를 타고 맨해튼의 스카이라인을 처음으로 눈에 담았을 때 가슴이 복받쳤다. 뉴욕과의 첫 만남임에도 불구하고 익숙해 보이는 뉴욕의 모습은 본격적인 여정이 시작되기도 전에 내 마음을 설렘으로 가득 채웠다. 이것이 뉴욕에 대한 첫인상이었다.

　뉴욕에 가기 2개월 전에 가장 먼저 한 일은 "뉴욕을 배경으로 한 영화"를 검색해 보는 것이었다. 〈나 홀로 집에〉(1992), 〈레이니 데이 인 뉴욕〉(2019) 등 이미 관람했던 영화뿐만 아니라 미국 시트콤 〈프렌즈〉(1994~2004), 〈가십걸〉(2007~2012) 같은 TV 시리즈까지 '정주행' 할 영상 리스트를 완성한 후 여행 계획을 짜며 틈틈이 챙겨 보았다. 그렇게 뉴욕행 비행기에 타기 전까지 수많은 영상을

공항에서 맨해튼으로 이동 후 처음 본 엠파이어스테이트빌딩.

보면서 몇 번이고 영화 속 그 장소들에 있는 나를 상상하며 화면 속의 공간을 직접 거닐고 싶은 마음을 키웠다.

그리고 2023년 7월 8일, 수없이 많은 매체로만 만났던 그 도시를 실제로 마주했을 때의 떨림이 아직도 선명하다.

영상 관광, 영화 속에 들어가는 사람들

겨울 유럽 여행 계획을 세울 때, 〈해리 포터〉 팬인 친구는 런던 킹스크로스역에서 사진을 찍고 옥스퍼드대학의 말포이 나무를 꼭 보고 싶어 했다. 어렸을 때부터 영화 〈사운드 오브 뮤직〉(1965)을 10번 이상 본 친구는 일정에 잘츠부르크[1]를 바로 추가했다.

흥행한 영화의 촬영지나 배경을 관광 목적으로 찾아가는 현상에 대한 연구는 1990년대부터 현재까지 계속되고 있다. 이 현상을 'Screen(Film) Tourism', 'Film-Induced Tourism', '영상 관광' 등 다양한 이름으로 부른다. 이에 대한 정의도 지속적으로 이뤄지고 있는데, 스코틀랜드 관광공사에서는 영상 관광을 "영상 매체에 나온 장소의 모습이나 이야기를 통해 관광객들을 그 장소로 끌어들이기 위한 관광 사업"으로 정의했다. 영국 관광공사에서는 "관광객들이 미디어에 등장한 매력물, 관광지를 방문하는 일"로 영상 관광을 정의했다.[2] 이외에도 실제 촬영지 방문과 세트장 방문, 영화 도시를 방문하는 것 등 영상 관광을 유형별로 분류한 사례[3]도 존

---

1 〈사운드 오브 뮤직〉 촬영지로 유명한 오스트리아 잘츠부르크. 매년 30만 명 이상의 방문객들이 이 영화 촬영지를 보기 위해 방문한다고 알려져 있다.
2 이혜은(2017), 〈드라마 촬영지의 영상관광 활용방안 연구〉, 상명대 문화기술대학원 석사학위논문, 4~5쪽.
3 김윤이 외(2016), 《빅픽처 2017: 4차 산업혁명과 고립주의의 역설》, 생각정원, 289쪽.

재했다. 이 글에서는 영상 관광을 "영화를 보고 그 영화 속 장소를 여행하고 싶다고 느낀 관객이, 실제로 관련 장소를 방문하는 것"으로 정의할 것이다.

영상 관광은 어떤 의의가 있을까? 미디어에서 형성된 장소의 이미지는 잠재 관광객에게 긍정적 이미지를 주기 때문에, '영화 촬영 장소'라는 점은 관객들이 그 장소를 무의식적으로 매력적이라고 느끼도록 하여 방문 의사결정에 영향을 준다.[4] 영상 관광에 대해 연구해 온 스테판 로에치Stefan Roesch에 따르면,[5] 영화 촬영지 관광객film location tourist은 촬영 장소 방문이라는 경험을 통해 큰 감동을 받는다고 하는데, 이들은 그 영화를 좋아하는 정도, 팬심의 정도에 따라 촬영지를 성스러운 장소로 여기기도 하기 때문이다.

특히 오랜 기간 동안 팬덤을 키워 온 〈해리포터〉(2001~2011)와 같은 영화 시리즈나 〈프렌즈〉, 〈셜록〉(2010~2017)과 같은 드라마의 촬영지들이 다른 촬영지들보다 더욱 인기가 있는 것을 보면 그 효과를 체감할 수 있다. 예시로, 〈해리포터〉로 인해 2011년과 2013년 사이 해당 영화 촬영지 관광객이 230% 증가한 사례가 있다. 이

---

4 곡정·장서희(2016), "영상매체에 의해 형성된 관광지이미지, 관광동기, 관광의 사결정의 관계: 방한 중국관광객", 〈관광연구〉, 31권 4호, 대한관광경영학회, 41~60쪽.

5 Roesch, S(2009), *The Experiences of Film Location Tourists*, Channel View Publications, p.209.

는 영국 노섬벌랜드 지역 경제에 추가로 996만 파운드의 수익 창출이 이뤄지게 했다.[6] 〈로마의 휴일〉(1953)과 같은 고전 영화의 관객들도 영상 관광을 즐겼다. 현재는 OTT 콘텐츠, 뮤직비디오 등 다양한 형태의 영상에 나온 전 세계의 촬영지로도 수많은 관객, 시청자들이 몰리고 있다.

영화나 TV 시리즈를 시청하면 단순히 여행 욕구를 불러일으키는 것 이상으로 문화적 친화력cultural affinity을 자아내기도 한다. 문화적 친화력이란 영상 매체에 등장하는 특정 국가나 문화에 사람들이 매력이나 애정을 느끼는 것이다. 이는 단순히 '가고 싶다'라는 단순한 욕구 이상으로 관객과 그 문화 간의 일체감을 느끼게 한다.[7] 여행 욕구를 갖게 된 주체가 실제로 촬영지를 방문하는 것은 관광산업을 촉진하여, 경제적 이익을 가져올 수 있다. 하지만 장기적으로 지속되는 효과인 '문화적 친화력'의 경우, 문화 간 이해와 공감을 촉진하며 지속적이며 긍정적인 인식을 유발하므로, 그 효과는 더욱 주목할 만하다.[8]

나 또한 영화 촬영지 관광객 중 하나다. 여행지를 선택할 때에 가장 큰 영향을 받는 것이 '영화 속 장소였는지' 여부다. 여행을 가기

---

6 World Tourism Organization and Netflix(2021), *Cultural Affinity and Screen Tourism: The Case of Internet Entertainment Services*, UNWTO.

7 위의 책, 4쪽.

8 위의 책, 9쪽.

전에 본 영화는 여행지 분위기를 상상할 수 있게 해 주고, 기대감을 높여 준다. 여행을 마치고 그 장소가 나온 영화를 보면 여행의 기억을 더 오래 간직할 수 있기에, 여행 경험을 더욱 생생하게 기억하고 싶을 때는 일부러 여행한 곳이 배경인 영화를 찾아보곤 했다.

이번 미디어 루키스 여정 중에도 자유 시간 일정을 계획할 때, 이전에 봤던 뉴욕을 배경으로 한 영화, 드라마를 참고하여 가고 싶은 곳을 선정했다. 나만의 영상 관광을 즐기면서 왜 뉴욕이 '영화 도시'로 유명한지 알게 되었고, 어떻게 하면 영상 관광을 더 효과적으로 즐길 수 있을지, 그리고 앞으로의 영상 관광 형태는 어떻게 변화할지 고민해 보았다.

뉴욕을 사랑한 영화인들

"New York concrete jungle
where dreams are made of
There's nothin' you can't do"[9]

수많은 예술가들이 사랑한 도시, 뉴욕. 영화인들도 예외는 아니다. 뉴욕을 배경으로 하는 수많은 영화와 드라마가 이를 증명한다.

---

9   Jay-Z and Alicia Keys(2009), *Empire State of Mind*, The Blueprint 3, Roc Nation.

다른 도시늘을 여행할 때, 영화 촬영지는 일정 중 한 곳 추가되는 정도였다면 뉴욕은 도시 자체가 마치 하나의 영화 세트장같이 느껴져 영상 관광을 체험하기 매우 적합한 곳이었다. 뉴욕은 영화의 배경으로 자주 등장하는 도시 중 상위 3곳[10] 안에 들기도 한다. 뉴욕에서 찍은 영화뿐만 아니라 뉴욕으로 묘사된 할리우드의 세트장, 타지까지 합친다면, 뉴욕은 집계된 숫자보다 더 많은 영화 이야기의 배경이 된 도시라고 할 수 있다.

이렇게 뉴욕이 많은 영화의 배경이 된 이유는 간단하다. 제작자에게 뉴욕은 영화 배경지로 참으로 매력적인 도시이기 때문이다.

첫째로, 뉴욕은 다양한 풍경을 가진 도시다. 한 도시 안에 너무나 다채로운 모습을 담고 있어서 한 블록 한 블록마다 다른 분위기가 난다. 세계적으로 유명한 랜드마크도 다양해 '찍을 맛' 나는 도시라고 불린다. 1977년, 뉴욕 '영화 및 텔레비전 부문 시장 자문위원회'의 디렉터였던 월터 우드Walter Wood는 이 도시의 어떤 걸 찍어도 결코 지루하거나 재미없는 것이 찍힐 일이 없다고 하며 '무엇이든' 찍을 수 있는 뉴욕은 세계에서 가장 영화적인 도시라고 말한바 있다.[11] 자유의 여신상, 타임스퀘어, 센트럴파크, 브루클린 다리, 엠파이어

---

10 3등은 런던, 2등은 뉴욕, 1등은 LA라고 한다. Terry Nissley, "8 Cities Where the Most Movies Have Been Filmed", *MovieWeb*, 2022. 12. 14.

11 *MOME Office History*, n.d.

스테이트 빌딩, 월 스트리트와 같은 상징적 랜드마크는 영화에 시각적 매력을 더해 주는 동시에 관객들에게 익숙한 배경을 제공하여 영화의 분위기를 빠르게 전달할 수 있도록 도와준다. 특히 뉴욕은 화려한 펜트하우스부터 어두운 골목길, 시끌벅적한 시장에서부터 고요한 공원까지 다채로운 배경을 제공할 수 있기에 영화 제작자들이 더욱 다양한 분위기, 장르를 표현할 수 있게 해 준다.

둘째, 뉴욕은 다양한 사람들, 문화, 이야기를 담은 도시이다. 800만 명 이상의 사람들이 거주하는 도시 뉴욕 안에서는 상상 이상으로 다양한 이야기가 발생할 수 있고 실제로 발생하기 때문에 영화 제작자들이 담고자 하는 이야기가 무엇이든 그것에 알맞은 배경으로서 매력을 뽐내 왔다. 특히 여러 인종, 문화, 지역 사회가 공존하는 뉴욕만의 다양성diversity은 영화 제작자들이 다양한 관점과 경험을 다루는 내러티브를 전개하는 데 뉴욕이 이상적인 도시가 되도록 했다.

셋째, 뉴욕시 자체에서 뉴욕을 '영화 찍기 좋은 도시'로 어필하며 제작자들에게 인센티브를 제공하고 있다. 1966년 이전에는 뉴욕에서의 영화 촬영은 극도로 복잡한 허가 절차를 거쳐야 했다.

보는 위치, 시간대에 따라 항상 새로운 모습을 보여 주는 뉴욕 시내 전경.

그러나 1966년 존 린제이John Vliet Lindsay 시장이 이 절차를 간소화하고, 시 차원에서 영화 제작팀이 개인 소유 장소에서 촬영이 가능하도록 협상을 신행해 주며 촬영 군중 통제를 위한 경찰대도 마련해 주었다.[12] 이렇게 영화 제작의 편의를 봐준 이유는 영화 산업이 뉴욕시에 경제적 이익을 가져올 것으로 예상했기 때문이라고 시장은 발표했다.

실제로 1966년 뉴욕시에서 영화 촬영은 전년도에 비해 100% 증가하였고, 이로 인해 2천만 달러 정도의 경제적 이익이 추가로 발생하였다고 추정되었다. 현재까지도 뉴욕시에서는 많은 영화와 텔레비전 촬영이 이루어지고 있는데 이는 뉴욕시에 13만 개 이상의 일자리를 창출하고 약 90억 달러의 경제 효과를 내고 있다고 추정된다.

도시를 기억하는 방법, 영상 관광 즐기기

그렇다면, 영화 관광은 어떻게 즐길 수 있을까? 실제로 영화로 유명한 각국의 도시에서는 '필름 투어'를 진행하기도 한다. 뉴욕에서도 버스 투어나 도보 투어를 통해 주요 영화 촬영지를 탐방하는 다

---

12 *MOME Office History*, n.d.

양한 프로그램을 찾을 수 있다. 하지만 개인적으로 자신이 본 영화 촬영지만 방문하고 싶거나, 조용히 혼자 영화에 들어간 것과 같은 체험을 하고 싶은 사람이라면 직접 방문할 영화 촬영지들을 선정한 후 다녀 보기를 추천한다.

지금까지 영상 관광을 통해 얻은 경험을 바탕으로, 영화 관광을 최대한 즐기는 방법을 정리해 보았다.

#1 여행지 정하기 및 영화 찾기

먼저, 여행할 곳을 정해야 한다. 크게 도시부터 구체적인 상점, 식당 등이 목적지가 될 수 있다. 뉴욕을 배경으로 한 영화에서 보여주려는 '뉴욕 분위기' 자체는 뉴욕의 거리 어디서든 느낄 수 있다. 하지만 〈티파니에서 아침을〉(1961) 첫 장면에 등장하는 티파니 스토어 앞과 같이 구체적으로 방문하고 싶은 장소가 있다면, 미리 영화를 보면서 정해 보자. 만약 여행할 도시가 정해져 있고, 그곳에서 촬영했던 영화들을 통해 여행을 예습하고 싶은 사람들이라면 여행 가기 전 보고 갈 영화를 리스트 업 하는 것도 필요하다.

#2 구글에서 가고 싶은 곳 찾기 및 영화 두 번 이상 시청하기

먼저 영화를 편하게 한번 시청한다. 다음, 다시 영화를 보며 가고 싶은 장소를 캡처해 놓고, 주소를 찾아 지도 앱에 저장한다. 저장해 놓은 위치를 보며 동선을 짜면 영상 관광의 사전 준비는 거의 끝난다.

#3 영화 OST 플레이리스트 생성

가기로 한 촬영지가 나오는 장면에 흐르는 영화 OST를 기록해 두고 플레이리스트로 미리 만들어 놓으면 그 장소를 제대로 만끽하고 기억할 수 있을 것이다.

#4 영상 관광

촬영지에 도착하면 눈으로 보기만 하지 않고 OST를 들으면서 그 장면을 떠올리며 마치 영화 속 인물이 된 것처럼 그곳을 거닐어 보는 것도 좋다. 혹은, 캡처해 둔 영화 장면을 재현해 보며 주인공이 서 있던 위치에서 포즈를 취하고 사진을 찍는 것도 좋은 추억이 될 것이다.

#5 돌아와서 다시 영화 보기

여행을 마치고 다시 돌아왔을 때, 여행의 추억이 가물가물해질 즈음 다시 영화를 보며 여행의 기억을 되돌아보는 시간을 가져 보자.

영화 팬들이 사랑한 뉴욕 구석구석

#1 〈프렌즈〉: 프렌즈 빌딩, 베드퍼드 스트리트

대표적인 미국 드라마 〈프렌즈〉(1994~2004)는 세트장에서 주로 촬영되었지만, 주인공들이 사는 동네는 맨해튼의 그리니치빌리지 Greenwich Village로 설정되어 있다. 그래서 매 에피소드가 시작할 때마다 나오는 인서트 신은 실제 그리니치빌리지의 모습을 많이 담고 있다. 그중 가장 대표적인 건물은 모니카가 사는 아파트로, 베드퍼드 스트리트 90번지90 Bedford St에 위치해 있다.

〈프렌즈〉의 주인공들이 사는 뉴욕 맨해튼의 그리니치빌리지(왼쪽).
〈프렌즈〉의 주요 배경인 베드퍼드 스트리트 90번지(오른쪽).

#2 〈어거스트 러쉬〉: 워싱턴 스퀘어 파크

그리니치빌리지 중심에 위치한 워싱턴 스퀘어 파크Washington Square Park는 영화〈어거스트 러쉬〉(2007), 〈비긴어게인〉(2013)에 나온 공원으로 실제로 많은 버스킹이 이뤄지는 곳이다. 근처에 뉴욕대학도 위치해 있어, 많은 시민과 대학생, 그리고 관광객이 쉬고 있는 모습을 볼 수 있다.

〈어거스트 러쉬〉의 촬영지인 뉴욕 그리니치빌리지의 워싱턴 스퀘어 파크.

#3 〈티파니에서 아침을〉: 티파니앤코

택시에서 내린 오드리 헵번이 티파니 앞에서 진열장을 보며 베이글을 먹는 장면이 촬영된 곳이다. 티파니앤코Tiffany & Co. 브랜드는 〈티파니에서 아침을〉(1961)을 통해 처음으로 영화에 등장했고, 이 영화의 흥행은 세계적인 브랜드 이미지를 형성하는 데에 도움을 줬다. 이 상점 내부에는 오드리 헵번 체험관Audrey Experience이 마련되어 있다. 이곳에서는 오드리 헵번의 영화 오프닝 장면을 재생하고, 오드리 헵번의 검은 드레스를 전시하고 있다.

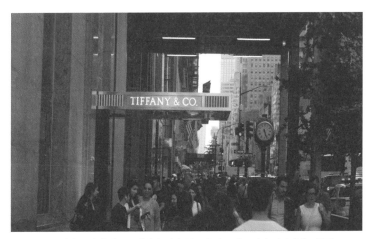

〈티파니에서 아침을〉의 흥행으로 세계적 관광 명소가 된 뉴욕 5번가 티파니앤코 본점.

#4 〈악마는 프라다를 입는다〉: 뉴욕 51번가 지하철

뉴욕 거리에는 항상 바쁘게 움직이는 직장인들이 있다. 이를 보다 보면 〈악마는 프라다를 입는다〉(2006) 속 주인공 '앤드리아'의 런웨이 같은 출근 장면이 생각나는데, 51번가 지하철 출구는 이 장면의 촬영 장소 중 하나이다. 이 촬영지는 뉴욕현대미술관MoMa으로 걸어가던 중 우연히 발견한 곳으로, 그만큼 뉴욕 구석구석이 이 영화에 담겨 있음을 알 수 있다.

　영화에서는 현실과는 다른 과장된 이미지가 나타나기도 한다. 실제로 만나 본 뉴욕도 상상과 많이 다른 부분이 다소 존재했다. 하지만 뉴욕의 거리에서 들리는 소음, 거리의 쓰레기와 마약 냄새로 어지럽다가도 바쁘게 출근하는 뉴요커들, 하늘 높게 솟은 빌딩들,

〈악마는 프라다를 입는다〉의 출근 장면 배경인 뉴욕 51번가 지하철 출구.

190

화려한 타임스퀘어의 전광판, 영화 주인공이 문을 열고 나올 것 같은 빌리지의 아파트, 그리고 넓은 센트럴 파크의 들판을 보면 영화에 담겨 있던 뉴욕만의 독특한 캐릭터를 발견할 수 있었다. 이 뉴욕이란 캐릭터를 직접 만난 것만으로도 이번 여행은 뜻깊었다.

콘텐츠의 힘을 느끼다

앞으로 콘텐츠 산업의 성장과 함께 영상 관광도 더욱 주목받을 전망이다. 특히 과거에는 블록버스터급 흥행작의 촬영지를 중심으로 한 영화 관광이 이뤄졌다면, 현재는 다양한 플랫폼에서 수많은 콘텐츠가 제공되므로 이를 통해 새로운 문화권의 촬영지를 방문하고 싶어 하는 관광객이 늘어나 영상 관광은 더욱 다채로워질 것으로 예측된다. 이런 변화에 발맞추어 영상 콘텐츠 산업이 주는 여러 파급 효과에 대한 이해와 관심이 더욱 필요하다는 것을 이번에 경험한 영상 관광을 통해 다시 한번 깨닫게 되었다.

특히 영상이 형성하는 '문화적 친화력'[13]을 잘 활용하는 것은 현대 사회에서 다양한 배경을 가진 사람들과 소통하는 데 있어 매우

---

13 World Tourism Organization and Netflix(2021), *Cultural Affinity and Screen Tourism*: The Case of Internet Entertainment Services, UNWTO, p.10.

중요할 것이다. 뉴욕을 배경으로 한 영화들을 보면서 느낀 매력을 실제로 경험한 일은, 전반적 여행 만족도에 큰 영향을 미쳤다. 나아가 미국의 문화 그리고 뉴욕이라는 도시에 깊은 애정을 느끼게 했다.

〈티파니에서 아침을〉의 오드리 헵번처럼 베이글을 먹으며 거리를 거닐다가 "베이글은 왜 뉴욕 아침식사의 대명사가 되었을까?" 의문을 가졌다. 〈프렌즈〉를 보며 미국에서 추수감사절을 어떻게 보내는지 알게 되었으며, 이를 직접 경험해 보고 싶다는 생각을 하게 되었다. 이처럼 영상은 여행 욕구를 유발하는 데 그치지 않고, 국가와 국가의 문화에 대한 관심을 높이는 데 큰 역할을 한다는 것을 다시 한번 느낄 수 있었다.

또한, 이번 여행을 통해 '문화적 친화력'과 같은 효과가 콘텐츠를 통해 한국을 접한 외국인에게는 어떻게 나타났을지 생각해 보게 되었다. 과거에 한국은 제한된 장르의 한국 영상 콘텐츠와 K-pop 위주로 문화를 홍보해 왔다. 2014년 〈별에서 온 그대〉(2014)의 주인공 '천송이'의 대사 한마디로 중국에서 '치맥 열풍'이 불었다.[14] 최근에는 〈오징어게임〉(2021)을 통해 전 세계 사람들이 달고나를 알게 되었다.[15] 이는 한국이라는 나라와 그 문화에 대

---

14 강서정, "중국 치맥 열풍… '별그대' 전지현 대사 한마디 때문에", 〈조선일보〉, 2014. 3. 2.

한 관심을 높이는 데 기여했다고 할 수 있지만, 한편으로는 한국의 역사, 문화 및 사회에 대한 심층적인 이해 없이 단순히 대중문화 속, 가공된 한국의 이미지에 환상을 가지는 '코리아부^{Koreaboo}'를 만들어 냈다고도 볼 수 있다.[16]

현재는 보다 다양한 장르의 콘텐츠를 통해 전 세계에 한국을 소개하고 있어 이 문제의 심각성이 감소했을 수도 있다. 그럼에도 콘텐츠 제작자는 콘텐츠를 통해 전달하고자 하는 문화의 모습을 끊임없이 고민하고, 그 콘텐츠로 인해 발생할 효과를 면밀히 살펴보아야 한다. 또한 반대로 다른 문화를 콘텐츠를 통해 배우고 이해하고자 한다면, 콘텐츠 속 이미지를 무조건 수용하는 것이 아니라 관심이 생긴 문화에 대해 직접 공부해 보고 콘텐츠 속의 모습과 비교해 보는 노력도 필요하다.

이처럼 콘텐츠의 힘을 이해하고 어떻게 잘 활용할지 고민을 거듭해야 하는 것이 우리 모두의 과제임을 이번 일정을 통해 다시 한번 새기게 되었다.

---

15 이지윤·김하경, "지구촌 '달고나' 열풍 … 오징어게임 효과에 MZ세대 새 놀이로 ", 〈동아일보〉, 2021. 10. 5.

16 김수진, " '코리아부', 미치도록 한국인이 되고 싶은 사람들", 〈오마이뉴스〉, 2021. 7. 12.

2

한국문학의 붐은 온다!

미국에서 느낀 한국문학의 위상과 발전방안

남지윤 미디어학부 21학번

바야흐로 한국 문화의 최대 부흥기이다. 방탄소년단이 마중물이 되어 터진 한국 문화에 대한 세계적 관심은 건국 이래 최고 수준이라 할 수 있다. 방탄소년단은 2020년 출시한 〈Dynamite〉를 통해 한국 가수 최초로 빌보드 차트 1위를 달성했다. 이런 수치적 성공 이외에도 높아진 한류의 위상은 누구나 체감했으리라 생각한다.

K-pop의 대대적인 성공으로, 한국 문화 전반에 대한 해외의 관심이 매우 높아졌다. 이에 따라 자연히 한국문학에 대한 세계의 관심도 커지고 있다. 2022년 2월 김금숙 작가의 그래픽 노블《풀》이 체코 뮤리엘 만화 상을, 4월 손원평의 장편 소설《서른의 반격》이 일본 서점 대상을 수상하는 쾌거를 이루었다. 김숨의《한 명》은 국제 더블린 문학상 후보로 지명되었으며, 박상영의《대도시의 사랑

195

김금숙 작가의 《풀》의 한국어판과 일본어판 표지, 김숨 작가의 《한 명》 표지.

법》 또한 세계 3대 문학상이라 불리는 부커상 후보로 지명되었다. 이러한 쾌거는 한국문학의 국제적 명성이 과거에 비해 높아지고 있음을 나타낸다고 할 수 있다.[1]

이런 현상에 대해 언론은 한국문학이 전 세계적으로 주목받으며, 점점 더 확장되고 있다고 말한다. 그러나 언론에서는 전년 대비 판매량의 증가율이나 국제 문학상에 지명된 작품만 언급할 뿐, 보통의 외국인이 체감하는 한국문학에 대한 인지도나 이미지는 다루지 않는다. 그러니 나처럼 한국에 사는 한국인이 외국에서 한국문학이 실질적으로 어떠한 위상을 차지하는지를 체감하기 어려웠다.

그리하여, 이 글에서는 이 시대 '대중문화의 본진'이라 불리는 미국 탐방을 통해 한국문학의 실질적 위상을 파악보고자 했다.

1   정책기획팀, "2022년 상반기 한국문학 해외수상·입후보 성과", 한국문학번역원, 2022. 5. 27.

한국문학의 경계를 어디까지 정의해야 하는가?

여기서 하나 짚고 가야 할 부분이 있다. 한국문학을 과연 어디까지로 정의해야 하는가? 한국 작가가, 한글로, 한국이란 지역적 공간에서 작성한 문학작품만을 한국문학으로 보아야 하는가? 이런 좁은 의미에서 한국문학을 바라보면, 우리가 국어책에서 배우는 김시습의 《금오신화》는 한문으로 작성했기에, 한국문학에 속하지 못한다.

그러나 이는 모순처럼 보인다. 그렇다면, 한국문학의 범위는 어디까지인가? 우리는 생산과 향유 주체, 표기 방법, 생산 공간의 관점에서 한국문학의 범위를 고찰해 볼 필요가 있다.

한국문학의 생산과 향유 주체는 '한국인'이라고 대개 생각한다. 그러나 이에 대한 반례가 존재한다. 19세기에 《춘향전》은 프랑스 작가 로니J. H. Rosny와 한국 최초의 프랑스 유학생 홍종우가 함께 번

1892년 프랑스에서 번역 출판된 《춘향전》의 프랑스어판 표지와 내지 삽화.

역하여 프랑스에서 읽혔다. 이는 프랑스에서 향유되었지만, 한국의 고전문학이 그 원전이기 때문에 한국문학이라 볼 수 있을 것이다.

한국문학의 표기 방법은 한글 표기에 국한되어 있지 않다. 한국 문학사는 구비문학만 존재하던 시기부터 시작하여, 한문의 전래로 한문 문학이 등장했고, 한문을 이용한 차자 표기 방식도 도입되었으며, 한글 발명 이후에는 한글 표기 방식이 등장하기도 했다. 이처럼 한국문학의 표기 방법은 계속 변화해 왔으며, 현재도 외국어로 표기한 다국적 문학이 한국문학의 일정 영역을 차지한다.

생산 공간적 범위를 살피면, 대체로 한반도이나, 우리의 영토는 시기에 따라 수축 혹은 팽창을 반복해 왔다는 점에서 각 역사의 단계마다 그 범위가 다르다고 볼 수 있다. 즉, 한반도라는 영토적 범위를 명확히 재단할 수 없는 것이다.

따라서 한국문학은 특정한 생산과 향유 주체, 표기 방법, 생산 공간의 범위로 완전히 구별되지 않음을 알 수 있다. 이를 종합해 오늘날의 관점에서 바라보는 넓은 의미의 한국문학은 "한민족의 정체성으로 수렴되는 공동체 구성원들이 저마다의 생활공간에서 보편적으로 사용하는 언어를 통해 창조하고 전승한 문학"이라고 정의 내릴 수 있다.

미국에서 느낀 한국문학의 위상

사실 나는 꽤나 큰 기대를 품고 미국에 갔다. 박상영 작가의《대도시의 사랑법》이 부커상 인터내셔널 부문 노미네이트, 윤고은 작가의《밤의 여행자들》이 대거상 수상이라는 쾌거로 해외에서 체감되는 한국문학의 위상에 대한 기대가 적지 않았다. 한국문학이 영미권 문학 시장 내에서 어떠한 위상을 차지하는지에 대해 파악하고자 보스턴 공립 도서관을 방문했다. 미국에서 두 번째로 큰 공공 도서관이라는 점에서, 해당 도서관에서 소장하고 있는 한국문학 자료의 비중이 미국 문학 시장 내에서 한국문학의 위상을 단편적으로 보여 줄 수 있을 것이라 생각해서였다.

1,900만 권이라는 어마어마한 규모의 서적을 보유한 보스턴 공립 도서관에서 한국문학 서가를 찾는 일은 쉽지 않았다. 외국 서적 코너 한쪽에 일본 문학 자료와 뒤섞여 있던 한국문학 서가의 도서들은 대부분 2010년대 이전에 출판된 도서, 그리고 그 이전 판본들의 도서였다. 즉, 한국문학 자료에 대한 공급량이 절대적으로 적고, 실질적으로 자료가 업데이트되지 않는 것을 통해 한국문학에 대한 수요가 타 문학 자료에 비해 높지 않음을 알 수 있었다.

사실 영문학이 주류인 미국 시장에서 해외문학이 차지하는 비중은 고작 3%에 불과하다.[2] 영미권 문학을 제외한 전 세계 문학이 이 3% 안에 모두 속한다는 것이다. 더불어, 번역 문학의 비율은 전체

© 민음사

조남주 작가의
《82년생 김지영》의 표지.

문학의 1% 내외이다. 이러한 작은 파이 안에서 유럽 중심의 메이저 문학과 각축해야 한다는 것이다.

이외에도 영미권 독자들의 감정적 코드가 한국과는 다르다는 것이다. 하버드대학과 펜실베이니아대학의 구내 서점과 동부 도시의 여러 서점에 방문했을 때, '인종'에 대한 책이 매우 많음을 직관적으로 느낄 수 있었다. 이는 미국에서 인종 차별에 대한 인식과 그에 대한 담론이 뜨거운 감자임을 단편적으로 보여 준다.

즉, 특정 나라의 서가에 있는 베스트셀러를 보면, 해당 국가가 중요시하는 담론을 마주할 수 있다. 한국의 가부장제와 성차별주의에 대해 비판한 조남주의 《82년생 김지영》이 대만과 일본에서 크

---

2 정다운·문일완(2021). "해외로 간 한국문학 특집: 숫자와 키워드로 본 오늘의 K-LIT", 〈월간 채널 예스〉 2021년 4월호.

하버드대학 비교문학 박사과정인 최민지 씨와 미디어 루키스가 대담을 진행했다.

게 흥행한 것도 일본과 대만 모두 가부장제가 짙게 남아 있는 국가라는 점, 그에 따라 해당 가부장제 담론에 중요성을 느끼고 반응한 독자가 있음에 바탕을 둔 것이다. 즉, 문학은 '살아온 환경'과 그 환경에서 느끼는 감정에 대한 '공감'이 매우 중요하다는 것을 사례를 통해 알 수 있다. 아시아권 독자들은 한국과 정서적으로 일치하고, 문화적인 공통점이 많으나, 영미권 독자의 경우, 문화적 배경의 차이로 '공감'이 부족하다는 사실 또한 영미권에서 한국문학의 수요가 적은 하나의 이유로 들 수 있을 것이다.

하버드대학의 비교문학 박사과정인 최민지 씨와의 대담을 통해 한국문학의 달라진 위상을 체감할 수 있었다.

"과거보다는 특정 도서들이 위상이 달라진 게 느껴져요. 아무래도 한류가 대세가 되다 보니, 최근 현대 한국문학들이 관심을 예전

출판지원

연도별 출간 현황

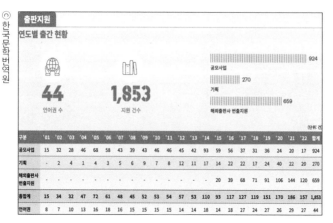

44 언어권 수

1,853 지원 건수

공모사업 924
기획 270
해외출판사 번역지원 659

(단위: 건)

구분	'01	'02	'03	'04	'05	'06	'07	'08	'09	'10	'11	'12	'13	'14	'15	'16	'17	'18	'19	'20	'21	'22	합계
공모사업	15	32	28	46	68	58	43	39	43	46	46	45	42	93	59	56	37	31	36	24	20	17	924
기획		2	4	1	4	3	5	6	9	7	8	12	11	17	14	22	22	17	24	40	22	20	270
해외출판사 번역지원															20	39	68	71	91	106	144	120	659
총합계	15	34	32	47	72	61	48	45	52	53	54	57	53	110	93	117	127	119	151	170	186	157	1,853
언어권	8	7	10	13	16	18	16	15	15	15	15	14	14	18	14	18	27	24	27	26	29	27	44

한국문학번역원이 발표한 2022년 한국문학 번역 출간 현황.

보다 더 받는 것 같아요."

실제 수치도 그럴까. 한국문학번역원 자료를 보면, 번역출판지원 사업은 그 규모와 범위가 점차 확장되었다. 2012년 14개 언어권 57건 규모로 진행되던 번역지원 사업은 2022년 기준 44개 언어권에 1,873건 규모로 진행되고 있다. 비약적 발전이라 할 수 있다.

다음으로 한국문학이 가지는 실제적 위상에 대해 이야기했다. 미국에 거주하는 한국인으로, 한국문학, 특히 고전문학에 대한 인식은 거의 없는 것 같다고 전했다. 대학에서는 강의 교재로 한국문학이 일부 등장하면 보는 정도에 그치는 것 같다며 아쉬운 말을 전했다. 즉, 보스턴 공립 도서관 탐방과 최민지 씨와의 대담을 통해 한국문학의 세계적 위상과 관련하여 성장 추세임은 분명하나, 아직 더 발전시켜 나가야 할 부분이 많다는 것을 알 수 있었다.

한국문학은 어떻게 나아가야 할까

전문가들 또한 한국문학이 해외에서는 '도입기'에 있으며, 아직 그 뿌리가 위태롭다고 말한다. 그렇다면 앞으로 한국문학이 해외 시장에서 성장해 나가기 위해 어떻게 나아가야 할까. 이는 크게 공적 지원 부분과 사적 태도 부분으로 나누어 설명할 수 있을 것이다.

먼저 해외에 진출하고자 하는 한국문학에 대한 공적 사업 종류가 늘어야 하며, 규모도 확장해야 한다. 그 선례가 존재한다. 앞의 한국문학번역원 자료를 보면, 2014년 공모 사업이 전년 대비 대략 두 배가량 눈에 띄게 늘어난 것을 볼 수 있다. 2014년부터 한국문화번역원에서 한국문학 출간에 관심을 갖는 해외 출판사를 대상으로 '해외 출판사 번역 출판 지원 사업'을 시행한 결과로 볼 수 있다.

이는 유럽, 아시아, 중남미의 타 국가들이 통상적으로 사용하는 방식을 차용한 사업이다. 해당 사업 시행 이후로 해외 출판사의 출간 계약 후 이뤄지는 번역 지원은 2014년 11건에서, 이듬해인 2015년 42건, 2016년에 61건으로 늘어났다. 해당 사업으로 해외 출판사 내부에서도 변화가 생겼다. 한국문학 번역서에 대한 자생적 출간 수요가 생긴 것이다. 2015년 20종, 2016년 43종의 작품이 해외 출판사의 자발적 한국문학 출간 계약으로 세상에 나왔다.

이를 통해 정부 사업을 통한 공적 지원으로 출간된 도서들이 대중의 이목을 끌고, 이는 대중의 수요를 만들어 내며, 궁극적으로 해

네이버 웹소설 《비정상 로맨스》 소개 페이지 캡처.

외 출판사 내부의 관심으로 이어지고, 해외 출판사가 자발적으로 한국문학서를 출간하게 되는 선순환을 만들어낸다는 것을 알 수 있다. 한국문학에 대한 정부 차원의 공적 지원이 한국문학에 대한 수요를 만들어 낸다는 것이다.

번역 출판 지원 사업 이외에도 한국문학의 판권에 대한 수입과 수출이 쉽도록 제도를 마련하는 것 또한 정부의 역할이다. 정부가 양질의 소프트웨어들을 구축한다면, 자연스레 한국문학이라는 하드웨어는 발전하게 될 것이다.[3]

다음은 사적 태도에 관한 부분이다. 먼저, 대중이 문학적 범위, 문화적 변용에 관용적인 태도를 갖춰야 한다고 생각한다. 문학적 범위에 대한 관용을 갖추어야 한다는 것은, 문학의 범위를 흔히 파악하는 '순문학'에 국한해서 보지 않는 태도를 의미한다.

---

3 장은수(2023), "130년 후 불어온 새로운 바람 한국문학의 세계화", 〈A SQUARE〉 5호.

현진건의 소설 제목 '운수 좋은 날'은
2021년 넷플릭스 오리지널 드라마
〈오징어게임〉 9화 제목으로 활용됐다.

웹 소설로 대표되는 '대중문학'은 인터넷을 통해 소비되는 문학이다. 문학 장르의 특성을 살펴보면, 짧은 문장 길이와 급격한 전개 형식을 지닌다. 이러한 매체적·형식적 특성은 빠른 해외 수출에 특화되어 있다. 한국문학의 해외 수출을 비단 순문학에만 한정하거나, 물성 있는 자료로의 수출로만 좁게 생각할 것이 아니라, 플랫폼을 통한 웹 소설, SNS를 통한 웹툰 연재 등 다양한 플랫폼을 통한 문학 콘텐츠들의 수출로 생각해야 한다는 것이다.

다음은 문화적 변용에 대한 관용적인 태도를 취해야 한다는 것이다. 이는 하나의 문학 서사를 영화, 드라마 혹은 게임으로 미디어와 내러티브에 응용하고, 관점이나 시각을 달리하는 것 이상을 의미한다. 즉, 문학 서사에 덮인 '고귀함'이라는 베일을 벗겨 내고, 서사나 인물의 밈화*meme+化*, 혹은 속화*俗化*까지. 이 모두에 관용적인 태도를 보여야 한다는 것이다.

예를 들어, 현진건의《운수 좋은 날》속에 등장하는 "설렁탕을 사다 놓았는데 왜 먹지를 못하니, 왜 먹지를 못하니… 괴상하게도 오늘은 운수가 좋더니만…"이라는 대사는 패러디를 통해 여러 플랫폼에서 하나의 밈으로 활용되었다. 이는 대중에게 해당 유머에 편승하고자 하는 욕구를 통해 소설을 읽고자 하는 생각을 고취한다는 점에서 긍정적으로 작용한다. 밈이라는 것은 인터넷 세계를 바탕으로 하는 보편적 일화 혹은 상황에 대한 공감을 바탕으로 만들어지기 때문이다. 즉, 문학을 해당 상태 그대로 '고귀하게' 보존할 것이 아니라, 최대한 변용하고 여러 매체를 통해 파편적으로라도 접할 수 있게 한다면, 해외 독자에게 한국문학을 소개하고 해당 문학의 배경을 자연스레 알릴 기회가 될 것이다.

한국문학이 왜 해외로 수출되어야 하느냐고 묻는다면, 한국인이라는 정체성을 가진 사람으로서 문화 콘텐츠 자생에 힘쓰고, 양질의 국내 콘텐츠를 해외로 수출하는 것이 지당하기 때문이라 답할 것이다. 이번에 미국에서 보스턴 공립 도서관을 다녀오고, 여러 서점을 탐방한 결과, 한국문학이 실질적으로 어떤 위상을 가지는지를 파악할 수 있었다. 이후, 대담을 통해 그 위상을 더욱 실질적으로 체감할 수 있었다. 또한, 한국문학이 왜 영미권에서 미흡한지, 이를 보완하기 위해서는 어떠한 정책적 지원이나 사적 태도의 변화가 필요한지 고찰해 보았다. 이어진 보고서 작성 과정은 한국문학, 나아가 한국의 문화가 글로벌해지기 위해 어떠한 태도를 갖춰야 하는지 파악할 수 있게 해 주었다.

3

옥외광고로 미국을 여행하는 법

미국과 한국의 옥외광고, 그 너머를 보다

황지윤 미디어학부 21학번

I♥NY: 미디어 루키스, 뉴욕에 가다

세계 최고의 도시라는 뉴욕은 그 이름만 들어도 심장이 뛰는 곳이다. 2023년 미디어 루키스는 프로그램 역사상 처음으로 동부를 방문했다. 아름답고 자유로운 서부도 좋지만, 학구적이고 발전된 도시가 더 끌렸던 나로서는 절호의 기회였다.

　뉴욕에 도착하자마자 "Welcome to NYC" 간판이 눈길을 끌었다. 한국의 표지판과는 사뭇 다른 간판 디자인이 내가 미국에 왔다는 사실을 실감케 해 주었다. 사람이 바글바글한 주변 환경과 어우러져 알록달록한 NYC 간판은 미디어에서 보던 뉴욕에 대한 내 기대감과 환상을 다시 일으키는 듯했다. "옥외광고는 공간과 합쳐진

광고이다. 공간에 광고가 합쳐지면 그 장소가 하나의 미디어가 된다"라는 말이 떠올랐다. 미국에 발을 디딘 이상, 그곳에서만 온전하게 느낄 수 있는 '미국의 옥외광고'를 즐기는 것이 또 하나의 여행이자 새로운 배움의 장이 될 수 있겠다는 생각이 들었다. 그리고 이런 마음가짐으로, 나는 2주간 수많은 옥외광고와 함께하며 광고를 통해 미국을 느끼고 더 깊이 이해할 수 있었다.

NY♥AD: 미국이 좋아하는 옥외광고
　　　　한국이 좋아하는 옥외광고

뉴욕에 발을 딛는 그 순간, 뉴욕이 광고의 도시라는 것을 체감하게 된다. 존. F. 케네디 공항에 내려 미국의 기차인 암트랙을 타러 모이니한 트레인 홀Moynihan Train Hall까지 가는 동안, 수도 없이 많은 옥외광고를 보게 된다. 우버를 타고 도로를 달리며 볼 수 있는 교통 표지판과 대형 옥외광고들. 그들은 뉴욕에 방문하는 관광객들을 가장 먼저 반겨 준다. 한국과 비교했을 때 미국에는 유난히 대형 옥외광고들이 많았다. 고속도로에도, 건물 외벽에도. 생각해 보면 당연한 일이다. 미국은 매우 넓다. 한국에 비해 도시와 도시 간 거리가 멀어 그 사이를 잇는 긴 도로가 끝도 없이 펼쳐진다.

　샌프란시스코나 뉴욕과 같은 대도시가 아닌 대부분 도시에는

내가 미국에서 처음으로 본 홈메이드 바닐라 옥외광고.

지하철이 존재하지 않는다. 사람들은 고속도로를 자주 이용하고 그들이 운전하며 자주 보게 되는 것은 교통 표지판, 그리고 야립광고다.[1] 그러므로 기업에서는 당연히 도로에 옥외광고를 설치하여 노출을 늘리게 된다. 반면 한국의 경우 양단의 도시이더라도 상대적으로 멀지 않기에 야립광고보다는 사람들이 자주 이용하는 대중교통을 활용한 옥외광고에 힘을 쏟는 것이 이득일 것이다. 이 때문에 실제로 한국의 야립광고는 많지 않을뿐더러 비어 있는 경우가 많다.

2022년 옥외광고 서포터즈 활동 당시 고속도로의 비어 있는 광

---

1   옥외광고물의 일종으로, 도로변의 지주에 설치된 간판을 의미한다. 옥외광고물 관리법상으로는 지주 이용 간판이라고 표현한다.

고판들이 센터의 고민이기에 빈 옥외광고의 외관 문제를 해결하기 위한 옥외광고 공모전 개최를 준비하고 있다는 센터장님의 말씀이 떠오른다. 그 당시에는 스쳐지나가듯 들었지만, 미국에서 여러 차례 도시를 이동하며 직접 다채로운 옥외광고들을 경험하니 센터장님의 말씀이 더욱 와닿았다.

도로의 경우와 반대로 교통시설물 이용 옥외광고는 한국이 발달한 편이었다. 대표적으로 지하철을 비교해 보자면, 한국에 비해 미국의 지하철은 많이 낙후됐을 뿐만 아니라 승차장 폭이 좁고 좌우 길이가 짧아 옥외광고를 게재하기 적합한 환경이 아니었다. 역 앞에 전단지가 붙어 있거나 선로 기둥에 몇 가지의 인쇄 옥외광고물이 걸려 있는 것이 전부였다. 반면 한국의 경우, 미국과 달리 지하철을 타기 위해 두 번 지하로 내려가게 된다.[2] 게다가 다른 노선으로 이동하기 위해서는 꽤 오래 지하도를 걸어야 한다.[3]

다시 말해, 한국 지하철은 광고를 게재할 수 있는 공간이 더 크고 많기에 광고를 게재하기 용이하고 사람들이 광고를 잠깐이라도 소비할 확률 역시 높아지는 것이다. 역 몇 군데에서는 지하철을 타고 지나가는 와중에도 창밖으로 디지털 광고를 볼 수 있으니 미국보

---

[2] 미국 지하철의 경우 계단을 내려가 카드를 찍으면 바로 승강장이다. 이와 달리 한국에서는 계단을 내려가 카드를 찍고 한 번 더 계단을 내려가야 비로소 승강장에 도착할 수 있다.

[3] 잠실 8호선에서 2호선으로 이동하기 위해서는 10분이나 지하도를 걸어야 한다.

다 몇 배는 길게 광고에 노출되는 상황이 생기는 것이다. 마찬가지로 지하철 내부에서도 한국의 광고가 훨씬 눈에 띄기 쉽다. 광고 시설물의 수가 현저히 많기 때문이다. 지하철에 타는 순간부터 내릴 때까지 한국 지하철 곳곳에는 광고를 위한 시설물들이 즐비해 있다. 실제로, 2021년 옥외광고 통계를 살펴보면 한국은 교통수단 및 시설 이용 옥외광고 매출액이 전체의 19%나 차지하고 있다는 사실을 확인할 수 있다.

　미국은 한국 영토의 99배라고 한다. 넓은 땅으로 이루어진 국가인 미국에서는 자가용 사용량이 많기에 사람들이 대중교통에 크게 의존하지 않는다. 특히 지하철은 몇몇 도시를 제외하고는 원활하게 운영되지 않으며 한국만큼 발전하지 않았다. 그렇기에 길게 깔린 도로와 함께 높게 솟은 도로의 옥외광고들이 도시 외관을 멋지게 장식하고 있었다. 반면 주차 공간이 부족하고 대중교통 시스템이 발달한 한국에서는 교통시설을 이용한 옥외광고들이 도시를 화려하게 장식하고 있다. 시민들의 교통 수요 차이에 의해 미국과 한국에서는 서로 다른 사회 구조가 형성되었고, 이에 따라 각 국가에서는 해당 사회에 적합한 옥외광고가 발달해 고유의 도시 외관을 갖게 되었다.

AD♥Digital: 뉴욕의 광고는 왜 도시 디자인처럼 느껴질까?

한국에 도착해 집으로 돌아가며 강남 지역의 디지털 옥외광고를 뉴욕의 디지털 옥외광고와 비교해 보았다. 분명 미국의 광고와 유사한 크기, 비슷한 위치에 놓여 있는 전광판임에도 뉴욕에서만큼 광고가 시선을 끌거나 공간과 어우러진다는 느낌이 들지 않았다. 그 이유를 고민해 본 결과, 장소의 차이도 있겠지만, 디지털 광고물의 수 차이에서 비롯된 '디지털 광고 클러스터'[4] 역시 주요 원인 중 하나라고 추측했다.

뉴욕 타임스퀘어와 서울 삼성동 코엑스를 비교했을 때, 타임스퀘어를 포함한 뉴욕의 도시들은 많은 디지털 광고가 모여 시너지를 내며, 광고가 그 자체로 랜드마크의 효과를 내고 있었다. 그러나 강남의 경우 그 수가 빈약할뿐더러 광고들이 드문드문 위치하여 오히려 도시 미관에 해가 되는 느낌이었다. 함께하는 시너지가 부족하다 보니 디지털 옥외광고가 줄 수 있는 시각적 즐거움이 해당 공간에서 적절히 실현되지 못한다는 아쉬움을 절감했다. 이러한 문제점 개선 및 옥외광고 산업의 성공적 디지털화 편입을 위해

---

4 클러스터(*cluster*)란 "모여 있다"는 뜻으로, 디지털 형태의 광고물들이 한곳에 모여 있는 것을 의미한다.

강남(왼쪽)과 뉴욕(오른쪽)의 디지털 옥외광고.

강남구를 시작으로 옥외광고물 자유표시구역 사업이 활발히 추진 중에 있다.

옥외광고물 자유표시구역은 삼성동 코엑스, 무역센터 일대로, 2016년에 지정되었다.[5] 해당 지역에는 크기나 종류에 제한 없이 자유롭게 옥외광고물을 게재할 수 있다. 타임스퀘어와 같이 세계적 랜드마크를 꿈꾸며 탄생한 이 구역은 옥외광고물 광고 미디어 구축, 광고 미디어 연계 문화·예술 축제 개최를 사업 내용으로 2016년 6월에 시작되어 2021년 12월 1기 사업을 마쳤다. 결과는 성공적이었다. 강남구, 무역협회, 현대백화점 면세점 등 민관 협력

5   "국내 최초 삼성역 옥외광고물 자유표시구역 선정", 강남구 홈페이지, 2019. 6. 27.

하에 광고 매체 설치뿐만 아니라 K-pop 페스티벌, 새해맞이 카운
트다운을 비롯한 47회의 행사도 진행되었다.

이렇듯 전 세계의 디지털 옥외광고 시장 확산에 따라 한국도
디지털 옥외광고물 활용을 활발히 시도하고 있다. 그럼에도 미국
과 달리 한국의 중심부에는 여전히 전통적 옥외광고가 대다수를
차지한다. 비교적 최근에 들어서야 뒤늦게 디지털 옥외광고물가
도시 내에서 확산되기 시작하였다. 이는 디지털 옥외광고에 관한
관심도 차이나 기술 격차에서 비롯한 것이 아니라, 옥외광고물법
개정 이전까지 미국과 한국의 옥외광고물 관련 법령이 달랐기 때
문이다.

지금, 한국은 디지털 옥외광고와 친해지는 중입니다

앞서, 미국의 옥외광고가 주로 디지털 디스플레이를 이용하는 반
면 한국은 여전히 전통적 방식의 옥외광고가 주류를 이루고 있고,
이는 한국의 무관심이나 기술 격차 때문이 아니라고 언급했다. 미
국과 달리, 한국에서는 '디지털 옥외광고'의 개념이 2016년에야
법적으로 서술되었다. 기존의 '옥외광고물 등 관리법'이 '옥외광고
물 등의 관리와 옥외광고산업 진흥에 관한 법률'로 명칭이 변경되
며 개정되었고, 이때 디지털광고물이 정의되어[6] 법적으로 관리되

기 시작했다. 2015년에 미국의 디지털 빌보드 개수가 5,500개를 기록했으며 당시 타임스퀘어는 이미 현재와 같은 모습이었다는 것을 생각해 보면 과거부터 이어진 한국과 미국의 디지털 옥외광고 수 차이를 인식할 수 있을 것이다.

제정된 법 역시 양국이 차이를 보였다. 미국과 한국 모두 옥외광고물 설치 위치, 크기, 조명 등에 관한 가이드라인을 법적으로 규제하는 것은 동일하다. 그러나 미국은 사용규제보다 개인정보 이용 규제가 중점적으로 이뤄지는 반면, 한국에서는 디지털 사이니지의 사용 자체만을 규제하는 형식으로 법이 구성되어 있다. 또한 미국에서는 디지털 사이니지 사업을 법규적 차원의 육성보다 공공정책이 반영된 활용 분야로 확대하고자 하는 것 역시 주목할 사항이다.[7]

미국의 법률적 관점에서 옥외광고에 관한 규제가 지방 정부마다 다른 것도 영향을 미친다. 미국은 지방정부가 정하는 '지역이용 규제법'에 따라 지역 용도를 구분하고, 지역에 따라 옥외광고물의 설치와 관리를 특화시키기 때문에 디지털 사이니지에 관한 법률 개정 논의 수준도 지방정부마다 상이하다. 예를 들어, 뉴욕은 빌딩

---

6 디지털 디스플레이를 이용하여 정보, 광고를 제공하는 것으로서 대통령령으로 정하는 것, 옥외광고물 등의 관리와 옥외광고 산업 진흥에 관한 법률 제2조 제1항 (2016. 1. 6. 개정).

7 김항섭(2017), "디지털 사이니지 법규 제도 현황", 〈TTA 저널〉 170권, 한국정보통신 기술협회, 18~23쪽.

관리국과 랜드마크 관리국 등 지정구역의 광고 환경을 관리하는 부서가 따로 있다. 이 때문에 소방법과 건축법상 안전에 문제만 없다면 얼마든지 디지털 옥외광고물을 설치할 수 있다는 해석도 가능하다. 결국, 각 부서가 행정 집행의 근간으로 삼는 법령까지 달라 규제가 어렵게 되는 것이다.

게다가 신매체 광고물 도입 시 국내에서는 광고물이 구체적으로 16종 분류에 해당하지 않으면 설치 허가를 엄격히 제한하지만, 미국은 분류기준의 폭이 넓어 지방정부가 광고물을 자체적으로 정의 및 분류하기 때문에 옥외광고물로 진입이 쉽다는 점 역시 영향을 미쳤다.[8] '허용과 조건'이 바탕인 미국의 옥외광고물 법이, '금지와 예외'를 근간으로 하는 한국의 법과 달라 디지털화 정도의 차이를 만들어 낸 것이다.

다만, 사회 변화에 맞추어 한국에서도 나름대로 법적 변화를 추진해 왔다. 디지털광고물과 자유표시구역 도입 등 각종 규제를 완화하고 대신 옥외광고물의 안전·관리를 강화하는 내용의 옥외광고물법 개정안이 시도되었다. 디지털광고물의 허용 지역과 종류를 규정하는 제도적 기반을 마련하여 일반·전용 주거지역 및 시설보호지구(상업지역은 허용)를 제외하고 디지털광고는 원칙적으로 설치 가능하며, 고정된 광고매체에는 대부분 디지털광고를 할 수 있

---

8   이주미(2017), "미국 옥외광고 법제의 탐색적 연구", 한국옥외광고센터.

도록 규정했다.

기존에 원칙적으로 금지되었던 전자 게시대 설치도 일부 목적으로 허용하여, 버스돌출번호판과 가로등에도 상업광고가 가능하도록 하는 등 규제를 완화했다.[9] 미국이 사이니지를 공공정책에 활용하고자 하는 것과 비슷하게, 사이니지 거리 조성 및 디지털 사이니지를 활용한 재난·안전 시스템 구축과 지자체 공공서비스 개발 프로젝트 등을 추진하여 공공수요도 창출할 계획이다. 한국에서는 옥외광고물 관련 법령을 정비해 디지털 사이니지 산업 활성화를 촉진하고자 시도했고 계속해서 개선을 이어가고자 노력 중이다.

정리하면, 한국과 미국의 법적 차이로 인해 디지털 옥외광고 사용에서 차이가 나타났지만, 한국이 디지털 기술 발전과 옥외광고 트렌드에 따라 디지털 옥외광고에 대한 법안을 개정해 나가면서 그 격차는 점차 줄어들 것이라고 예상된다.

그렇다면 '언젠가는 삼성동 코엑스가 뉴욕의 타임스퀘어와 똑같아지는 것일까?'라고 생각할 수 있겠지만 그렇지는 않다. 두 지역이 완전히 같은 풍경을 가지는 것은 불가능하다. 타임스퀘어와 코엑스 일대에는 디지털 옥외광고 규제 법안 외에 또 다른 법적 제약이 존재하기 때문이다. 타임스퀘어 역시 미국의 옥외광고물 자

---

9   정책연구팀(2016), "중앙정부의 옥외광고 정책 동향과 이슈", 〈옥외광고 Focus〉 9호, 한국옥외광고센터, 58쪽.

유표시 구역인데, 동일한 자유표시구역임에도 한국과는 다른 옥외광고물 규제가 적용된다. 게시 높이, 크기, 조명 밝기에 관한 사항을 규정한다는 것은 같지만 그 세부 내용이 다르며 광고물의 내용 규정과 조명 설치 의무화는 미국 옥외광고물 자유표시구역 관리에만 적용된다.

또, 타임스퀘어 일대의 대다수 건물주는 빌딩 건축설계 당시부터 부착될 광고물에 대해 건축설계사나 디자이너와 관련 내용을 검토한다. 지역이용규제 법률과 시행 규칙을 통해 자유표시구역 안에서도 지역에 따라 세부적인 옥외광고물 설치 가이드라인을 따로 제시함으로써 입주 업체와 건물주들이 다양하고 새로운 옥외광고물을 설치하면서도 도시 조경과 안전을 고려할 수 있도록 했다.[10]

결론적으로는 도시 디자인을 생각하는 옥외광고물법 덕분에 디지털 클러스터 효과를 창출하게 되는 것이다. 뉴욕의 자유표시구역 관련 법령은 한국 옥외광고 자유표시구역 사업의 성공을 위한 법 개정 논의에 있어, 국내에서도 자유표시구역의 모든 지역에 동일한 규제를 적용하는 것이 아니라 구역 중에서도 문화적 시설이 밀집된 지역, 이벤트가 가능한 지역 등 세부적으로 장소의 용

---

10 이주미(2016), "자유표시구역의 해외사례와 시사점", 〈옥외광고 Focus〉 9호, 한국옥외광고센터, 44~47쪽.

도와 특성에 따라 옥외광고물 설치 가이드라인을 제공해야 함을 시사한다.[11]

'디지털화'라는 파도에 이제는 옥외광고도 물결을 타기 시작했다. 미국에 비해서는 비록 작은 걸음일 테지만, 한국의 디지털 옥외광고 산업은 나름의 속도로 의미 있는 성장을 이루었다. 그리고 이러한 흐름에 맞추어 한국의 옥외광고물법 역시 조금씩 변화하고 있다. 향후 몇 년 내에 옥외광고물 자유표시구역 2기 사업의 성공으로, 한국판 타임스퀘어의 랜드마크화와 함께 전 세계 디지털 옥외광고 시장 점유율 향상이라는 쾌거를 이루길 바란다.

AD♥Design: 미국 광고 디자인과 한국 광고 디자인은 어떻게 다를까?

'미국의 광고'를 떠올려 보자. 공통적으로 생각나는 이미지들이 있을 것이다. 팝아트를 이용한 미국의 광고 디자인은 우리에게 아주 친숙한 모던한 광고의 전형적 이미지가 되었다. 물론 2023년에 내가 미국에서 경험한 광고들이 그런 사조를 띠지는 않았지만, 종종 내가 상상한 것과 비슷한 빈티지 느낌의 광고 디자인들을 길거리

---

11 이주미(2016), 앞의 논문, 55쪽.

에서 만나 볼 수 있었다. 미국에서 옥외광고를 처음 접한 순간, 가장 먼저 눈에 들어온 차이점은 시각적 표현 방법의 차이였고 한국과 미국 옥외광고의 '차이점'을 논하려면 광고 디자인을 결코 빼놓을 수 없을 것이다.

그러므로 디지털 클러스터 효과 외에, 미국 옥외광고가 도시 디자인처럼 느껴지는 또 다른 이유로 디자인을 생각해 볼 수 있다. '어쩌면 미국의 광고 디자인이 광고를 도시의 예술로 보이게 하는 것이 아닐까?' 그렇다면 '왜 미국과 한국의 디자인 차이가 나타날까?'라는 궁금증에서 비롯해 한국과 미국의 광고 디자인을 비교해 보기 시작했다.

전반적으로 한국의 옥외광고가 깔끔한 느낌이라면 미국의 것은 화려한 느낌이었다. 한국은 단색을 위주로, 미국은 다양한 색을 섞어 사용하는 경향이 보였다. 텍스트에 관해서도 한국이 설명이 위주라면 미국은 단어, 짧은 문장이나 이미지를 강조하는 특징이 있었다.

또 한 가지 발견한 점은, 디지털 옥외광고가 영상인 경우 한국에서는 짧은 시간일지라도 흐름 있는 스토리가 담겨 있지만, 미국에서는 핵심 카피와 메인 비주얼 이미지가 변주 및 반복된다는 점이다. 예를 들어 피자 광고를 한다고 생각했을 때, 한국의 디지털 옥외광고는 주인공이 피자 박스를 열어 피자 치즈를 쭉 늘리며 먹는 모습을 일련의 흐름으로 설명한다면 미국의 디지털 옥외광고 영상에서는 주인공이 피자를 들고 있는 사진, 먹는 사진이 반복적으로 노출된다.

텍스트와 디지털 옥외광고 구성에 관해, 한국이 미국보다 훨씬 많이 고맥락 메시지[12]를 사용했다는 연구 결과[13]를 떠올려 보면, 고맥락 문화인 한국은 '상황'을 중시하기에 플롯으로 광고가 상영되지만, 저맥락을 기반으로 한 미국의 광고는 비교적 '핵심 메시지만' 명료하게 전달하고자 했다고 해석해 볼 수 있다.

디자인 시 강조되는 부분이 다르다는 사실도 영향을 미친다. 동양권 국가인 한국은 대체로 상품의 관계도에 집중하고 서양 문화인 미국에서는 상품의 성능과 재질에 주목한다. 실제로 한국에서 물건 자체를 광고하는 경우는 드물다. 물건을 추천하는 유명 연예인이 주인공인 경우가 많고 물건이 사회에서 가진 의미를 홍보한다.

해당 제품이 사회적 트렌드와 맞는다는 것을 강조하기도 한다. 물건 자체보다 물건과 인간의 관계, 서열 등을 중요시하는 동양의 문화가 적용된 한국의 광고 디자인이, 물건의 양과 종류 그 자체를 중시하는 미국의 광고 디자인과 다른 것이다.[14]

---

12 문화 연구가 홀E. T. Hall이 제안한 개념으로, 고맥락 문화는 상황을 중시하는 문화인 반면 저맥락 문화는 상황보다 메시지를 중시하는 문화이다.

13 전종우(2018), "Differences of Cultural Values Reflected in Billboard Advertising", 〈커뮤니케이션학〉 26권 4호, 한국커뮤니케이션학회, 83~97쪽.

14 조승연(2014), "미국인은 추신수의 불고기 광고 이해 못했고, 중국인은 아우디의

미국 옥외광고에는 한국보다 비교적 직설적으로 표현된 광고 디자인이 많았던 것 역시 같은 맥락에서 이해할 수 있다. 리얼리티를 통해 소비자를 자극하는 광고 기법은 미국에서 주로 사용하는 방법이다. 분위기를 파악해 상대방의 저의를 이해하거나, 침묵이나 신호로 의사를 전달하는 동양적 커뮤니케이션 방법과 달리, 미국인은 직설적이며 정확한 표현으로 의사를 전달하거나 조건이나 한계를 명확하게 설정하는 대화법을 주로 사용한다. 그래서인지 미국의 광고는 직설적이고 사실적으로 표현된 것이 많다. 짧은 문장이나 이미지를 통해 핵심만을 직접적으로 전달하는 것이 미국 광고 디자인 모델이다.[15] 반면 한국 광고의 경우, 대개 제품을 직접 소개하기보다는 제품에서 떨어져 소비자에게 자연스럽고 무의식적으로 다가가도록 디자인되어 있다.

광고 모델과 캐릭터 사용에서도 그 차이를 손쉽게 인지할 수 있었다. 'K-문화' 국가라는 특징에 걸맞게 한국 광고에서는 흔히 '셀럽'이라고 불리는 사람들이 등장하는 광고가 정말 많다. 반면 미국에서는 사람 모델이 등장하는 경우 유명한 셀럽보다 일반인이 등장하는 경우가 많았고, 사람 모델보다는 캐릭터를 광고에 사용했다.

심벌에 확 끌렸다", 〈DBR〉 2014년 4월호.

15 전은경 외(2009), "같은 브랜드 다른 느낌의 광고", 〈월간 디자인〉 2009년 6월호, 디자인 하우스.

캐릭터가 등장하는 미국의 직설적 광고.

타임스퀘어의 디지털 사이니지 전광판에서는 수많은 캐릭터가 등장해 말을 걸어 왔고 택시 위의 입체 전광판에서도 유명 캐릭터들을 발견할 수 있었다. 모델 사용료가 비싸다는 이유도 있겠지만, 앞서 언급한 것처럼 제품을 강조하는 풍조가 반영되었기 때문이다. 모델에 막대한 금액을 투자하는 것보다 더 좋은 제품을 만드는 것이 낫다는 가치관, 모델에 의존하지 않는 사회 분위기, 상품 소개에 충실한 광고문화가 만들어낸 결과다.

마지막으로 비주얼 요소에 있어, 한국은 주로 단순한 컬러를 조합한 경우가 많았으나, 미국은 다양한 컬러를 활용하여 광고를 집행하고 있었다. 한국의 광고는 텍스트 비중이 높은 것으로 나타났다. 반면, 미국의 경우 한국에 비해 텍스트와 비주얼 비율이 고르게 나타났다. 또한 한국에 비해 미국의 캐릭터 활용 빈도가 높게 나타났다.[16]

디자인은 그 시대 사람들의 생각이나 관념, 필요성에 의해 변화하고 맞추어지기에, 문화의 영향을 가장 많이 받는 분야라고 해도 과언이 아니다. 마찬가지로, 옥외광고 디자인은 문화의 영향 안에서 벗어날 수 없으며 사회적 가치관을 바탕으로 만들어진다. 미국과 한국, 각국이 오랜 시간 동안 지녀온 사회문화에 따라 옥외광고는 다르게 디자인되었고, 옥외광고 표현 방식의 차이를 통해 문화적 차이점을 엿볼 수 있었다.

---

16 심성욱·변혜민(2017), "한국과 미국의 야립광고 크리에이티브 측면에 대한 비교 연구", 〈광고 PR 실학연구〉 10권 3호, 한국광고 PR 실학회, 182~188쪽.

맥락으로 이해하는
미국 옥외광고와 한국 옥외광고

미국에서 한국 옥외광고의 미래를 찾겠다는 사전의 포부와 달리, 미국과 한국의 옥외광고를 모두 경험하고 난 후 여러 요소를 기준으로 미국과 한국의 광고를 비교해 살펴본 결과, 미국이 광고의 선도국일지라도 한국의 광고들이 미국의 것보다 못한 것은 결코 아니었다.

미국의 광고가 언뜻 더 나아 보일 수도 있겠지만, 각자의 장단점이 있을뿐더러 애초에 각 국가의 사회, 문화적 맥락에 맞게 탄생하는 광고들에 우열관계를 부여하기는 어려울 것이다. 미국의 옥외광고는 레퍼런스로서 새로운 아이디어와 인사이트를 준다는 점에서는 도움이 될 수 있다. 그러나 한국 옥외광고 사업이 나아가야 할 이상향이자 미래 광고의 방향성으로 섬길 필요는 없다. 옥외광고의 배경에 사회 구조의 차이, 법과 제도의 차이, 그리고 문화의 차이가 존재하기 때문이다. 광고는 사회제도이자 문화도구라고 불린다. 모든 광고에는 해당 국가의 사회적·문화적 배경이 스며들어 있다. 이제는 가시적 차이를 읽는 일을 넘어 그 속에 숨은 맥락을 이해하는 일이 필요한 시점이다.

우리는 모든 광고에 주목하고 일일이 그 의미를 해석하지 않는다. 잠깐 시선을 주었다가 거둘 뿐이다. 그리고 많은 경우에, 애초에 시선을 던지지도 않는다. 외국에 나간 경우는 더욱 그럴 것이다. 다른 많은 것을 보기에도 바쁘니까 말이다. 그러나 분명 모든 공간, 모든 순간에 광고와 함께하고 있었을 것이다. 광고는 조금만 의식하면, 큰 노력을 기울이지 않아도 볼 수 있다. 만일 관심을 기울인다면 광고가 품고 있는 사회와 문화에 관한 이야기도 읽을 수 있다.

나는 미국에서 만난 옥외광고들을 통해 한국과 다른 미국의 모습들을 인식할 수 있었고 미국을 더 잘 이해할 수 있었다. 다른 나라를 더 깊이 이해하고 싶다면 광고에, 그리고 광고의 배경에 주목해 보자. 분명 그 국가에 담긴 맥락을 살피는 좋은 여정이 될 것이다.

연구자로서의 나, 새롭게 바라보다

노단 일반대학원 미디어학과 박사과정

박사과정에 진학한 지 한 학기가 지났지만, 여전히 '연구자로서의 나'를 규정하기는 어렵다. 관심 연구 분야를 소개할 때, 오랜 고민 끝에 내가 자주 사용하는 키워드 중 하나는 바로 '데이터 사이언스'다. 학부 연구생 시절부터 데이터 사이언스 방법론을 활용해 미디어 연구를 해 왔으나, 어느 순간 내 연구 습관에 대해 아무런 고민 없이, 관습적으로만 연구해 오고 있음을 깨달았다. 이에 박사과정에 진학하며 내가 세운 목표 중 하나는 '기존의 연구 습관을 새롭게 바라보기'였다. 그러한 점에서 이번 미디어 루키스 프로그램에 조교로 참여하게 된 것은 큰 행운이었다. '가상 미디어 시대Media Age of Virtuality'의 첨단에 위치해 있는 기관들을 방문하고, 그 속의 개인들의 이야기를 들으며, 앞으로 연구자로서의 나를 어떻게 정의해나갈지 힌트를 얻을 수 있었다.

하버드 메타랩Harvard meta LAB의 제프리 슈냅Jeffrey Schnapp 교수는 스스로를 "지식 디자이너Knowledge Designer"라 소개한다. 그는 자신이 세운 회사인 피아지오 패스트 포워드에서 보행자용 로봇을 만들고, 학교에서는 비교문학을 가르치며, 여러 기관과의 협업을 통해 큐레이팅 프로젝트를 선보인다. 하나의 연구 분야로만 규정할 수 없을 정도로 방대한 분야에 걸쳐, 새로운 형태의 지식을 창출해 내고 있는 것이다.

제프리 슈냅 교수가 소개한 본인의 여러 프로젝트 중 가장 인상 깊었던 것은 단연 트위터Tweeter의 트윗 데이터를 활용한 〈#Me Too Anti-Network〉 프로젝트였다. 메타랩 연구진은 미투 운동과 관련한 트윗 100만 개를 수집하여 그중 894개의 내용을 살폈는데, 단 8개만이 실제 피해자들의 목소리를 다룬 트윗이었다. 대다수의 트윗은 공적이거나 정치적인 목적의 트윗으로, 구체적인 문제를 다루고 있지 못했다. 연구진은 수집한 100만 개의 트윗을 하나의 거대한 소용돌이 혹은 네트워크의 모양으로 시각화했는데, 이를 통해 역설적으로 개별 메시지의 내용에 주의를 기울일 것을 강조한다.

우리는 흔히 데이터의 '양'적인 측면에만 집중해 빅데이터가 내리는 결과를 너무 쉽게 일반화한다. 미투 운동의 본질은 사회적 억압 속에 가려진 소수의 목소리를 듣고자 하는 것이었으나, 빅데이터를 통해 단순화된 패턴만을 살핀다면 이러한 목소리는 대규모의, 외부 목소리에 묻힐 수 있다. 이에 제프리 슈냅 교수와 그의 연구진은 거대한 물결을 이루고 있는 개별 트윗들을 살펴볼 필요성, 즉 맥락을 이해할 필요성을 제시한다.

〈뉴욕타임스〉에서도 현직 기자들과의 만남을 통해 데이터 사이언스에 대한 유의미한 통찰을 얻을 수 있었다. 〈뉴욕타임스〉는 언론사 디지털 트랜스포메이션의 대표 사례로 손꼽힌다. 2014년 〈이노베이션 리포트*Innovation Report*〉를 발간하며, 디지털 트랜스포메이션과 관련한 깊이 있는 고찰을 거친 뒤, 9년 만에 〈뉴욕타임스〉는 온전한 디지털 구독 기업으로 거듭났으며 2022년 말에는 디지털 구독자가 전체 유료 구독자 중 무려 92%를 차지한다.[1] 이제 〈뉴욕타임스〉의 경쟁사는 〈워싱턴포스트*The Washington Post*〉나 〈월스트리트저널*The Wall Street Journal*〉이 아니라 넷플릭스*Netflix*와 스포티파이*Spotify*가 된 것이다.[2]

그러나 〈뉴욕타임스〉에서는 스스로가 이룬 디지털 혁신에 자부심을 가지면서도, 데이터와 AI에 의존하게 되는 것을 경계하고 있었다. 생성형 AI를 이용해 기사를 작성하면 그 데이터가 모두 AI의 훈련 데이터베이스에 저장된다. 그런데 이러한 데이터의 소유 권한과 처리 과정에 대해 아직 명확한 규정이 마련되어 있지 않아, IP 확보를 위해 기사 작성 시 AI를 활용하지 않는다고 밝혔다. 또, 〈뉴

---

1   Robertson, K. (2023), "The New York Times Passes 10 Million Subscribers", *The New York Times*.

2   송의달(2021), 《뉴욕타임스의 디지털 혁명》, 나남.

욕타임스)에서는 전통 저널리즘의 정확성이란 가치를 고수하고자 공식 데이터베이스만을 활용하고 팩트체크fact-check를 위한 연구팀을 따로 운영 중이다. 즉, 쉽게 얻을 수 있는 데이터베이스에 의존하기보다는 자신들만의 고유한 데이터를 쌓아가고 있는 것이다.

마노비치는 데이터베이스를 새로운 문화적 형식이라고 설명한다.[3] 개별 요소들이 하이퍼텍스트를 통해 끝없이 연결된 빅데이터 체계는 우리가 세상을 바라보는 방법을 새롭게 규정한다는 것이다. 그러나 한편으로 데이터는 현실 세계와 상호작용하며 축적된다. 최근 생성형 AI를 통해 CEO, 범죄자, 햄버거 가게 직원 등의 이미지를 생성하게 한 결과, 고임금 직군은 백인 남성으로, 저임금은 흑인 혹은 여성으로 그리는 경향이 있는 것으로 나타났다.[4] 즉, AI와 빅데이터는 인간 주체의 사고를 넘어서는 새로운 패턴을 발견해 냄과 동시에, 기존의 잘못된 사고를 강화시킬 수도 있는 것이다.

이에 내가 이번 미디어 루키스 프로그램을 통해 얻은 통찰은 다음의 두 가지로 정리된다. 첫 번째로, 빅데이터를 통해 도출된 결과물은 인간의 주관을 초월하는, 객관적인 것으로 받아들여질 수 있어, 그 맥락을 이해하려는 노력이 더욱 중요하다. 제프리 슈냅 교수

---

3   Manovich, L.(2002), *The Language of New Media*, MIT Press.

4   Nicoletti, L.&Bass, D.(2023, 6. 10), "Huamans are Biased. GenerativeAI is Even Worse", *Bloomberg*, Retrieved from https://www. bloomberg.com/ raphics/ 2023-generative-ai-bias.

와 메타랩 연구진은 〈#MeToo Anti-Network〉 프로젝트를 통해 빅데이터 연구 시, 개별 메시지가 형성하는 맥락에 관심을 가질 것을 시사한다.

두 번째, 기존의 데이터를 단순 조합하거나 그 결과물을 그대로 가져오기보다는 자신만의 창의적이고 비판적인 지식을 만들어 낼 수 있어야 한다. 〈뉴욕타임스〉는 고유한 IP를 쌓고자, 그리고 정확도 높은 기사를 전달하고자 자신들만의 팩트체크 시스템을 운영하고 고유한 데이터베이스를 구축했다. 이에 빅데이터를 통해 연구물을 낼 때에도 개별 데이터를 통해 전체 맥락을 읽는 연습, 그리고 나만의 고유한 데이터베이스를 쌓는 연습을 해야 할 것으로 보인다. 특히 미디어학은 다양한 이해관계자와 소통하는 학문이고, 끊임없이 변화하는 환경 속에 놓인 학문이라는 점에서 그러한 노력이 더 필요할 것이라 생각한다.

마지막으로 앞으로의 연구 과정에서의 유의미한 통찰을 얻을 기회를 주신 마동훈 교수님과 정세훈 교수님, 뜻깊은 여정을 함께해 준 정지예 조교님과 학부생 친구들에게 감사하다는 말씀을 전하고 싶다.

연구자의 시선 2

미디어와 AI

정지예 일반대학원 미디어학과 석사과정

영화관에서 포스터를 살펴보다가, AI를 소재로 한 영화에 유독 눈길이 갔다. 미국의 블록버스터 영화 〈크리에이터〉(2023) 포스터에는 다음과 같은 문구가 있었다. "인간적인가, 인간의 적인가."

예전에는 AI의 일상 침투력에 대해 크게 와닿지 않았다. 바둑 기사 이세돌을 꺾은 알파고가 인상적이긴 했지만, 바둑과 같은 특정 종목에 한정되어 스스로 학습하는 모습만을 지켜보았기 때문이다. 대학원 석사과정 3학기에 '미디어 애널리틱스 프로그래밍 수업'을 듣게 되면서 AI 없이는 학업 생존이 어렵다는 걸 비로소 실감했다. 조별 과제를 수행하던 당시, 조원 모두 파이썬을 통한 빅데이터 분석 경험이 전무했기 때문에 데이터를 분석하는 매 단계마다 오픈 API '챗GPT'에게 물어보며 공부했다. 특히 파이썬 코드를 짤 때 챗GPT는 또 다른 조원이라 부를 만큼, 엄청난 활약을 보여 주었다.

미디어학 연구에서도 AI에 대한 연구가 활발히 이루어지고 있다.

MIT 미디어랩 중 '퍼스널 로봇Personal Robots' 랩에서는 AI가 만들어 낸 폰트 디자인에 대해 연구한다. 인간 중심의 디자인과 심리학, 미학, 고급 컴퓨팅을 통합한 다학제적 접근의 연구를 하고 있다. 또한 사람과 기술의 커뮤니케이션과 협동에 관심이 있으며, 사람에게 도움을 주는 기술에 초점을 두고 있다. 지능형 기술과 인간의 행동 사이의 격차를 줄이려는 시도를 하고 있다. AI를 포용해야 하는지, 파괴해야 하는지 묻는 영화〈크리에이터〉의 질문에 퍼스널 로봇 랩은 '인간적 AI', AI와의 공존과 포용에 대한 연구를 통해 학문적으로 대답하고 있다고 생각한다.

'감정적 타이포그래피affective typography, affType' 연구는 시각적 폰트 디자인에 대한 연구다. 한 연구에 따르면 텍스트만 주어졌을 때보다 단어에 색을 더한 디자인이 이야기에 대한 공감을 높이는 것으로 나타났다(Shen et al., 2023).

이 연구에서는 총 일곱 가지로 실험의 조건을 구분했는데, ① 통제 조건: 텍스트만 주어진 경우, ② 강조bold된 폰트, ③ 간격pace이 적용된 폰트, ④ 이모지emoji와 폰트의 조합, ⑤ 색color을 더한 폰트, ⑥ 강조+간격+색이 조합된 폰트, ⑦ 강조+간격+이모지+색이 조합된 폰트를 비교했다. 여기서 이모지와 색은 감정을 전달하는 요소로 보았다.

연구 결과, 공감 효과에 대해선 텍스트만 주어진 경우와 나머지 조건을 비교했을 때 통계적으로 유의미한 차이는 없었다. 다만 텍스트만 있는 경우에는 이야기에 대한 공감이 줄어들고, 색이 더해지면 텍스트만 있을 때보다 공감이 가장 크게 증가하는 것을 확인했다. 색이 텍스트에 비해 감정에 대한 집중을 유발한다는 것이다.

연구 참여자들은 이모지를 사용하는 것보다는 사진을 사용하는 것을 제안하기도 했다. 사진은 글의 격식을 차려 공적인 질을 유지하면서 이야기를 풍부하게 할 것이라고 답했다. 반면 이모지 사용은 일상적인 글이라 할지라도 격식을 떨어뜨려 비공식적인 글로 느끼게 만든다는 것이다. 이는 미디어 콘텐츠 양식 효과에 대해 알아본 개인 연구 결과와 맥락이 닿아 있는 부분이다.

텍스트 뉴스, 카드 뉴스, 인스타그램 사진 뉴스, 유튜브 영상 뉴스의 네 가지 미디어 콘텐츠 양식을 비교해 알아본 결과, 이용자들은 텍스트로만 이루어진 텍스트 뉴스보다, 텍스트와 사진이 조합된 카드 뉴스에 가장 호의적인 태도를 보였다. 연구에서 적용한 카드 뉴스는 색이 더해진 텍스트에 사진이 조합된 콘텐츠 양식이다. MIT 폰트 디자인 연구에서 색은 이야기에 대한 공감을 증가시키며, 사진은 글의 격식을 해치지 않고 이야기를 풍부하게 한다고 했다. 이는 이용자들이 카드 뉴스에 호의적으로 반응한 이유로 보인다.

AI 진화의 한계를 알 수는 없지만, 복잡하고 미묘한 감정과 섬세한 예술적 감성은 인간만이 가지는 고유한 특성이다. 미디어학 연구에서 사람과 로봇, 사람과 컴퓨터의 상호작용이나 감정에 주목하는 이유는 결국 사람에 대해 더욱 깊이 있게 알기 위함이라는 생각이 든다.

MIT 미디어랩의 연구가 가장 인상 깊었던 점은 두 가지이다. 첫 번째는 융합과 협동 연구가 주는 개방적 분위기와 개성이다. 하나의 건물 안에 모여 있지만 미디어학이 공학, 교육학, 음악 등 여러 전공 중 어떤 학문과 만났는지에 따라 연구실을 방문할 때마다 느껴지는 분위기가 천차만별로 달랐다. 이를 통해 미디어학 연구를 역동적으로 진행한다고 느꼈다.

두 번째는 교육 프로그램이나 서비스 등을 통해 직접 학생이나 일반인을 만남으로써 연구의 혜택이 사회로 돌아갈 수 있도록 다양한 노력과 시도를 하고 있다는 점이다. 토드 마코버Tod Machover 교수의 음악 창작 워크숍은 우리나라에서도 진행되었는데, 전문지식 없이 AI 기술을 접목한 작곡 프로그램을 통해 누구나 작곡가가 될 수 있다고 한다. MIT 연구를 보면서 세계 곳곳에 스며든 선한 영향력이 바로 글로벌 연구의 진정한 힘이라 느꼈다. 개인 연구를 미디어 콘텐츠 양식 효과 연구로 하게 된 이유를 비롯해 삶의 가치관이나 지향점이 동일하다고 느꼈다. 앞으로도 계속해서 사회에 긍정적으로 기여하는 활동을 하는 사람이고 싶다.

테크놀로지와 사회
그리고 미디어의 미래를 찾다

들어가며

보스턴, 필라델피아, 그리고 뉴욕은 미국 역사에서 한번쯤 미국 '최고의 도시'였던 적이 있었다. 보스턴은 17세기부터 18세기 후반까지 영국 식민지 시절 미국의 중심 도시였다. 영국과의 독립전쟁 이후 미국은 당시 최대 도시이자 첫 번째 수도인 필라델피아에서 독립을 선언하였다. 현재 뉴욕은 미국 최대의 도시이자, 전 세계 경제에 가장 영향력 있는 도시가 되었다.

이번 미디어 루키스 프로그램을 통해 미국의 과거와 현재에 가장 영향력 있는 도시들에 있는 세계적인 대학과 기업을 방문할 수 있었다. 하버드대학, 매사추세츠공대, 보스턴대학, 펜실베이니아대학 등 저명한 대학뿐만 아니라 미국의 대표 언론사 〈뉴욕타임스), 그리고 LG그룹, 현대차, 제일기획과 같은 우리나라 기업의 지사와 뉴욕한국문화원까지 방문하면서 참가자들은 폭넓은 경험을 하였다.

이번 프로그램 참가자 모두 각자의 시각에서 흥미로운 에세이를 작성하였다. 나는 지도 교수의 입장에서 각 참가자의 글을 재해석하고 코멘트해 보았다. 참가자들의 에세이는 크게 세 가지 유형으로 분류된다. 첫째 유형은 '테크놀로지의 활용 방안'(권나현·김강민·백세인·김나영)이고, 둘째 유형은 '미국 사회에 대한 관찰'(임다솜·김선민·채문철)이며, 셋째 유형은 '미디어 콘텐츠에 대한 이해'(정윤서·남지윤·황지윤)이다.

테크놀로지의 활용

김나영

김나영 참가자의 경우 미디어와 공학을 이중 전공하는 시각에서 어떻게 테크놀로지를 '스케치'할 것인가에 대해 고민하였다. MIT 미디어랩에 방문하여 예술을 스케치하는 미래 스케치 랩과 음악을 창작하는 미래의 오페라 랩, 그리고 어린이를 대상으로 한 교육물을 제작하는 평생유치원 랩 등을 다니면서 코드를 활용한 코드 스케치의 필요성을 느낀 것으로 보인다.

향후 융합형 인재의 필요성이 증대될 것이므로 미디어학생도 공학을 이해하고 반대로 공학생도 인문사회학을 이해할 필요가 있을 것이다. 다만 미디어학부생이 공학을 배우고 코딩 능력을 익히면서도 스케치할 수 있는 아이디어를 가지고 있어야 공학자와 차별화할 수 있을 것이다. 미디어학자가 단순히 공학자를 따라가서는 그 가치를 인정받기 어려울 것이기 때문이다. 대표적으로, 〈뉴욕타임스〉에서 데이터를 활용한 뉴스 보도 예시가 있었는데 저널리즘에서 데이터를 활용하는 것은 중요한 의의가 있지만 사실 데이터는 가치중립적이지 않다. 데이터에서 무엇을 발견하고, 그리고 그 데이터를 통해 어떤 해석을 하는가 등과 같은 과정에 연구자의 가치가 개입될 수밖에 없다.

김강민

김강민 참가자의 경우 VR/AR 콘텐츠를 현실에서 실질적으로 활용할 수 있는 다양한 안을 고민하였다. 첫 번째는 〈뉴욕타임스〉의 사례같이 저널리즘에 활용하는 방안을 제시하였다. 예를 들어, 난민 이슈를 보도하면서 기존의 뉴스 전달 방식을 넘어 360도 영상으로 촬영된 뉴스의 효과에 주목하였다. 두 번째는 펜실베이니아대학의 VR랩에서 펜실베이니아 의과대학과의 협업을 통해 AR 기술을 활용하여 백신 접종 메시지를 맞춤형으로 제작하고 배포함으로써, 특히 필라델피아의 저소득 유색인종의 낮은 백신 접종률을 높인 사례에 주목하였다. 세 번째는 '네이버 나우'의 사례처럼 엔터테인먼트 콘텐츠의 몰입을 높이는 방안을 제시하였다.

이와 같이 VR/AR 등의 미디어 테크놀로지는 뉴스와 같은 정보 전달 목적의 콘텐츠, 음악이나 게임과 같은 오락 목적의 콘텐츠, 그리고 헬스 캠페인 등과 같은 설득 목적의 콘텐츠 등 다양한 목적의 콘텐츠에 활용 가능하다. 다만, 어떤 목적으로 활용했을 때 가장 효과적일 것인가에 대한 검증이 추가로 필요할 것이며 또한 새로운 기술을 활용하기 위해 투입한 비용 대비 효과ROI에 대한 검증도 필요할 것이다.

백세인

백세인 참가자의 경우에도 VR을 활용하는 방안으로서 제품 프로모션과 관광 사례에 주목하였다. LG의 뉴저지 지사 내 LG과학관에 비치된 전기차 시뮬레이터를 통해 VR 기술을 제품 프로모션에 적용하는 사례를 체험하였고, 펜실베이니아대학의 VR랩에서 경험한 '구글 어스 VR'을 관광에 활용하는 사례를 경험하였다.

하지만 VR 기술이 좋은 점만 있는 것은 아니었다. VR로 인한 일종의 VR 멀미VR sickness의 문제를 경험하기도 하였고, 개인의 욕구needs가 반영되지 않은 일률적 콘텐츠의 한계도 경험하였다. 사이버 멀미에 취약한 이들의 부정적 경험을 해소하고, 개인의 욕구에 부응할 수 있는 맞춤형 콘텐츠 개발을 위해서는 개발자만의 능력으로는 어려울 수 있으며 인간을 이해하는 '인문사회과학자'가 중요한 역할을 수행해야 할 것이다.

권나현

권나현 참가자의 경우 저널리즘, 특히 스포츠 저널리즘에 관심을 가지고 프로그램에 참여하였다. 예를 들어, AI 기술이나 VR 기술 등과 같은 새로운 미디어 테크놀로지가 스포츠 중계와 뉴스 리포팅을 어떻게 변화시킬 수 있는가에 대해 고민하였다. 권나현 학생이 펜실베이니아대학의 VR랩에 가서 논의한 내용 중 흥미로웠던 것은 VR 기술이 스포츠 경기의 현장감을 증가시키고 시청자의 흥미를 증가시킬 수 있는 가능성도 있지만, 오히려 스포츠 시청자의 주의 집중을 감소시켜 정확한 정보 전달을 감소시킬 수도 있다는 관점이다.

나 또한 VR에 대한 연구를 진행해 보면, VR 기술은 오락적 기능 측면에서야 유리하지, 정보전달 측면에서는 불리하다는 결과를 종종 발견한다. 이처럼 새로운 기술은 장점 못지않게 단점도 있으며, 비용이나 개인정보privacy의 문제 등 다양한 문제점도 안고 있다는 점에서 공학자에게 기술 개발만을 맡길 것이 아니라 기술의 사회적 활용 방안에 대해 사회과학자들이 함께 고민해야 할 것이다.

미국 사회에 대한 관찰

임다솜

임다솜 참가자는 보스턴과 뉴욕이라는 두 개의 도시를 관찰하면서 미국을 이해하고자 하였다. 보스턴의 평온함과 대비되는 뉴욕의 복잡함, 그리고 보스턴과 뉴욕에서 공통적으로 발견되는 역사에 대한 보존 노력이 인상 깊었던 것으로 보인다. 미국의 '역사보존법'과 한국의 '문화재 보존'을 비교한 점이 흥미롭다.

나의 미국 유학 시절, 필라델피아에 생활하면서 살던 아파트도 내부 인테리어는 새로 리모델링했어도, 건물 골조 자체는 100년이 훌쩍 넘었다는 말을 듣고 놀란 적 있다. 건물이 지어진 지 30년만 지나면 재건축과 재개발을 추진하는 우리나라와 비교되기도 하였다.

다만 이러한 보존에 대한 미국과 한국의 차이가 단순히 '개인의 선택' 때문인지 혹은 '사회구조' 요인 때문인지 살펴볼 필요가 있다. 우리나라 사람들이 미국인에 비해 단순히 새집과 새 건물을 선호하는 것이 아니라 두 나라 간 여러 가지 차이, 예를 들어 가족 형태, 직장 근무 시간, 직주 근접의 필요성, 건축법과 제도 등 다양한 사회구조적 요인이 미국과 한국의 건축물 보존의 차이를 만든 것일 수 있기 때문이다.

김선민

김선민 참가자 역시 미국의 사회와 문화에 대한 여러 가지 흥미로운 관찰을 하였다. 미국에서 문을 잡아 주는 공공 예절Public Etiquette, 배송 시스템Package Delivery System, 개인 사유Private 문화, 구매 및 결제Purchase and Payment 문화, 그리고 실물 물건Physical Entity 문화 등 다섯 가지 특징의 앞 글자를 활용하여 미국의 '5P 문화'로 이름 붙였다.

이처럼 문화적 특징을 네이밍하고 개념화하는 추상적 사고 과정은 사회과학을 공부하는 학생으로서 중요한 능력이다. 문화적 특징에 명칭을 부여하고 개념화함으로써 그에 대한 해결 방안도 제시할 수 있다. 예를 들어, 주택의 문을 디지털 도어락으로 만들지, 아날로그 도어락으로 만들지를 실행하는 이는 건축 및 기계 엔지니어일 것이다. 그러나 각 도어락 시스템이 미국과 한국 사회에서 가진 장단점을 개념화해서 비교하고 각 사회에 적용하는 능력은 분명 사회과학자의 몫이다. 부디 시스템의 방향을 결정할 수 있는 사회과학자가 될 수 있기를 기대한다.

채문철

채문철 참가자는 이번 미디어 루키스 프로그램의 최연소 참가자이자, 가장 독특했던 학생으로 기억한다. 일반적으로 우리는 사진을 찍을 때 프레임의 중심에 있는 '정보'를 찍는 경우가 많지만 채문철 학생은 사진을 찍을 때 주변에 있는 '단서'를 찍었던 점이 인상 깊었다. 아니나 다를까 이번 에세이도 '춤'이라는 주제로 작성한 점이 독특하다. 채문철 학생이 미국에서 '춤'을 추어 보았고, 그 행위를 통해 영감을 얻었다는 점이 흥미롭다. 하버드 대학의 인문학 교수이자 로봇 제작 기업의 CEO인 제프리 슈냅 교수에게서 영감을 얻고 MIT 미디어랩에서 인문학과 예술, 그리고 공학을 융합한 사례를 보며 많은 것을 느낀 것으로 보인다.

미디어 콘텐츠에 대한 이해

정윤서

정윤서 참가자는 영화라는 매체 속에 그려진 뉴욕이라는 도시를 설명하면서, 영화가 도시 관광으로 이어지는 '영화 관광' 아이디어를 제안하였다. 영화를 통해 도시를 배우고 영화의 OST를 활용하여 시각 경험과 청각 경험을 동시에 활용하여 관광 경험을 극대화하는 방법이 특히 흥미롭다.

다중자원Multiple Resources이나 이중부호화Dual Coding 등과 같은 인지심리학 접근에 따르면 시각적 정보와 청각적 정보 그리고 언어적 정보와 비언어적 정보는 서로 다른 인지적 경로를 통해 정보가 처리된다. 따라서 우리는 두 가지 서로 다른 정보를 효율적으로 잘 처리할 수 있고, 이러한 두 가지 정보는 기억(저장)되었다가 필요할 때 꺼내 활용할 수 있다. 영화 속 뉴욕, 현실의 뉴욕에서의 시각적 경험, 영화 OST의 청각적 경험은 기억 속에 오래 남을 수 있을 것이다.

남지윤

남지윤 참가자는 국문학을 이중 전공하는 학생으로서 미국에서 한국문학의 위상과 과제를 살펴보았다. 미국에서 두 번째로 큰 공립도서관인 보스턴 도서관에서 한국문학의 위상이 기대에 못 미치는 현실에 실망하면서, 그 원인을 분석하였다. 예를 들어, 가부장과 성차별을 주제로 한 소설《82년생 김지영》은 한국을 비롯한 동아시아에서 큰 인기를 누렸으나 서양 문화권에서는 공감을 얻지 못한 이유, 미국의 서점가에는 인종 문제가 여전히 가장 뜨거운 주제임을 관찰하였다.

실제로 미국 사회에서 인종은 경제와 교육의 격차를 유발할 뿐만 아니라 공중 보건과 범죄 등 각종 사회적 문제와 직간접적으로 연결된다는 점에서 젠더 문제에 비해 더 관심을 많이 받을 수밖에 없다. 그런 관점에서 이민자를 주제로 한 영화〈미나리〉나 빈부 격차를 그린〈기생충〉이 미국에서 큰 관심을 받은 사실은 그리 놀랍지 않다.

남지윤 참가자는 해외에서 한국문학의 위상을 높일 수 있는 방안으로서 몇 가지 흥미로운 제안을 하고 있다. 예를 들어, 현진건의 소설《운수 좋은 날》에 등장하는 대사를 패러디, 밈으로 활용하는 방안이다. 참가자의 바람대로 향후 한국문학이 미디어 테크놀로지와 만나 세계에 더 많이 알려질 수 있기를 기대한다.

황지윤

황지윤 참가자는 경영학을 이중 전공하는 학생으로서 미국의 광고에 관심을 가졌다. 세계 경제의 중심지이자 자본주의 최전선에 서 있는 뉴욕, 그리고 자본주의를 지탱하는 힘이자 우리가 수많은 공공재를 무료 또는 저렴한 가격에 이용할 수 있게 해주는 '광고'는 아주 좋은 만남일 것이다.

여러 가지 옥외광고 중 지하철 광고는 미국에 비해 한국에서 더 발달한 편인데 이는 우리나라에 대중교통이 발달했기 때문일 것이다. 반면 자동차 이동이 많은 미국은 우리나라에 비해 야립광고가 더 발달하였다. 그런데 디지털 옥외광고의 경우 서울이 뉴욕만큼 발달하지 못한 이유는 무엇일까? 이는 광고제작자 개인의 문제가 아니라 디지털 옥외광고 관련 법과 규제 때문이다. 또, 미국의 광고가 단어와 같은 정보 중심인 반면 우리나라의 광고가 상황 중심이라는 점을 문화적 맥락의 관점에서 설명한 것도 흥미롭다.

앞서 말했듯, 디지털 옥외광고물을 제작하는 것은 엔지니어들이지만 국가별로 왜 광고 형태가 다르고 어떤 광고가 더 효과적인지에 대한 고민은 인문사회학자들이 끊임없이 고민해야 한다.

나오며

이번 프로그램의 참가자들에게 마지막으로 당부하고 싶은 말이 있다. 미디어는 다양한 학문의 교차로에 서 있다는 점을 잊지 않기를 바란다. 미디어는 말 그대로 인문과 예술에서부터 사회와 경제 그리고 공학과 의학에 이르기까지 다양한 학문적 관점이 모이는 통로이자 매개체medium이다. 이번 미디어 루키스 프로그램을 통해 모든 참가자가 서로 다른 길에서 출발하여 한 곳에서 만나 2023년 7월, 뜨거운 2주간 함께 좋은 경험을 했다. 앞으로 다시 자신만의 길을 잘 찾아 떠나길 바란다.

2024년 3월

정 세 훈

포토 에세이

보스턴에서

채문철 미디어학부 22학번

찰스강의 기적

7월 11일, 우리 미디어 루키스는 '찰스강의 기적'을 경험했다. 에머슨대학과 피아지오 패스트 포워드에서의 공식 일정을 마치고, 오늘도 보스턴 곳곳을 돌아보기로 한 우리는 뜻이 맞는 사람끼리 뭉친 다음 흩어졌다.

　누구네는 보스턴 퍼블릭 가든으로, 또 누구네는 보스턴 공공 도서관으로, 비컨힐로. 도시와 어우러진 아름다운 자연과 건축물을 눈에 담고 사진으로 남기고자 각자의 길을 나선 그때, 정말 기적 같은 일이 벌어졌다. 보스턴 찰스강도 좋은 명소이니 한번쯤 들러 보는 게 좋겠다는 이야기를 함께 있는 자리에서 공유하긴 했지만, 노을이 지는 저녁이 되자 루키스 10명 전원이 그 한자리에 모였던 것이다. 수많은 사람이 운동이나 산책을 하며 도시 안에서 자연과 함께 저녁

249

을 즐기는 시간 속, 우리 또한 그 순간을 강민의 카메라로 남겼다.

전혀 다른 사람 10명이 'AJ 미디어 루키스'라는 이름으로 함께한 이번 여정에서, 새삼스레 서로의 소중함을 느낀 순간이었다.

황지윤의 생일파티

일정을 하나하나 소화하고 어느새 보스턴에서의 공식 일정도 얼마 남지 않은 때, 미국 생활에 적응이 거의 끝났을 무렵. 7월 14일, 루키스에게 큰 축복이 찾아 왔다. 미국에서 보내는 2주 기간과 딱 겹친 황지윤의 생일이 그것이었다. 지윤을 제외한 모든 멤버가 전날부터 단톡방을 만들어 생일 파티용 '케이크 구입 작전'을 계획했다.

당일에는 지윤과 함께 다니는 이들이 실시간 위치를 보고해 주고, 나머지 사람들은 케이크를 어디서 사서 보관할지 의논하며 작전을 개시했다. 덕분에 깜짝 생일 파티는 성공적! 지윤은 전혀 생각못했다며 놀라면서도, 케이크 위의 스프링클이 더 많이 뿌려져 있었으면 좋았을 뻔 했다는 품평도 함께 남겼다. 깜짝 생일 축하파티를 마치고 다솜의 디지털 카메라로 남긴 사진, 왠지 모르게 기괴한 느낌도 들었지만, 루키스 멤버 모두가 정말 행복했던 순간이었다.

그리고 한 가지 비하인드 스토리를 덧붙이자면, 생일 파티 현장을 담은 다른 사진들 가운데 막상 생일 당사자인 지윤보다 훨씬 행복해 하는 세인의 모습이 포착되어 모두의 웃음을 샀다.

편집자의 글

저에게 많은 '처음'이자 큰 도전이었던 첫 단행본 편집이 완료되었습니다. 고려대 스포츠매거진 〈SPORTS KU〉에서 편집장을 했던 경험을 바탕으로 감사하게 편집 총괄을 맡았지만, 월간 잡지보다 무거운, 단행본의 책임감을 알 수 있었던 시간이었습니다.

20대 초반의 어린 나이에 책의 저자가 된다는 것은, 결코 쉬운 일이 아닙니다. 한평생에 걸쳐 간직할 만한 작품임을 알고 있기에, 한 챕터씩 담당한 10명의 학생 모두가 최선의 결과물을 냈으면 하는 바람이 점점 커졌습니다.

결과적으로, 모두의 개성이 묻어난 하나의 책이 완성된 것 같아 마음이 놓입니다. 각자의 글을 자세히 읽어 보면, 이번 미국 여행이 각각의 학생에게 어떤 의미로 와닿았는지가 잘 드러납니다.

글 수정과 편집에 큰 도움을 준 에세이 팀 김선민 선배와 남지윤에게 특별히 감사드립니다. 꼼꼼히 확인해 준 10명의 공동 필자들, 그리고 아낌없는 피드백을 주신, 총괄책임을 담당하신 마동훈 교수님과 정세훈 교수님께도 감사드립니다.

무엇보다, 저는 이번 미디어 루키스에 합류하게 된 기회가 정말 소중했습니다. 한 번밖에 없을 기회에 많은 도움 주신 조교님들, 그리고 모든 것이 가능하도록 해 주신 교수님들과 미디어학부의 민영 학부장님, 문덕영 AJ 부회장님께도 이 자리를 빌려 감사의 인사를 올립니다.

2024년 3월

권 나 현

저자 소개

마동훈(고려대 미디어학부 교수)

새로운 관점에서, 새로운 시도를 좋아합니다. 고려대 미디어학부 교수라는 일의 매력은 학생들과 새로운 시도를 늘 함께 할 수 있는 것이라 믿습니다. 세상에 힘들어서 못할 일은 거의 없다고 믿기에, 이번 미디어 루키스 여행도 즐거웠고 보람 있었습니다.

정세훈(고려대 미디어학부 교수)

고려대 미디어학부 교수로서 학생들을 주로 학교 안에서 만나 왔습니다. 학교 밖에서, 특히 해외에서 학생들과 함께 보낸 미디어 루키스 프로그램은 매우 흥미로운 경험이었습니다. 미국 동부는 대학원 시절 인생의 일부를 보낸 곳이라 더욱 특별하게 느껴졌습니다. 참가자 모두가 2주일간의 경험을 잊지 않길 바랍니다.

권나현 (고려대 미디어학부 21학번)

아나운서의 꿈을 막연히 꾸며 미디어학부에 입학했지만, 다양한 공부를 통해 점차 제가 어떤 사람인지 알아가는 과정에 있습니다. 이번 프로그램을 통해 생각조차 못했던 다양한 길을 통해 제 비전을 실현할 수 있겠다는 희망을 가지게 되었습니다.

노단 (고려대 일반대학원 미디어학과 박사과정)

다매체 환경 속에서 '시청 흐름'이 어떻게 일어나는지에 관심을 두고, 이를 데이터 사이언스 방법론으로 연구합니다. 첫 학기에 미디어 루키스 프로그램에 참여하면서, 앞으로 어떠한 연구자로 성장해나가야 할지 깊이 고민해 볼 수 있었습니다.

정지예 (고려대 일반대학원 미디어학과 석사과정)

정세훈 교수님과 함께 '대통령실 뉴스에서 사용하는 미디어 콘텐츠 양식의 효과'를 연구하는 석사과정 정지예입니다. 미디어학부생 10명과 노단 조교, 마동훈 교수님, 정세훈 교수님과 함께 했기에 이번 여정이 특별했습니다. 미디어 커뮤니케이션 연구자로 한 걸음 더 성장할 수 있는 기회를 주셔서 다시 한번 감사드립니다.

김강민(고려대 미디어학부 19학번)

이번 기수 학부생 최고 학번으로 참여했습니다. 콘텐츠 제너럴리스트라는 키워드 아래 다양한 콘텐츠를 기획, 제작하는 것에 관심을 갖고 있습니다. 처음 방문한 미국에서 미디어 학계, 산업계 전반의 모습을 마주하며 평생 잊지 못할 경험과 영감을 얻었습니다.

김선민(고려대 미디어학부 19학번)

4학년 2학기, 미디어 루키스를 마지막으로 학교를 졸업했습니다. IT 서비스 관련하여 커리어를 준비하고 있으며 이번 미국 탐방을 계기로 빅테크 기업에 더욱 관심을 갖게 되었습니다.

김나영(고려대 미디어학부 20학번)

테크놀로지를 잘 아는 미디어 전문가가 되고 싶습니다. 엔지니어와 차별화된 미디어 전문가의 역할이 무엇인지 깊이 고민하던 중, 프로그램에 참여하면서 미디어 분야에서 세계를 선도하는 대학 및 기업이 새로운 기술에 접근하는 태도를 직접 눈으로 보며 체득할 수 있어 좋았습니다.

백세인 (고려대 미디어학부 20학번)

자유전공학부에 입학해 제1전공으로 미디어학부를 선택했습니다. 미디어 법과 윤리에 관심이 많고, 새로운 미디어 기술로 변화할 사회를 궁금해합니다. 미국에서 만난 분들의 강렬한 눈빛과 친절함에 감동받았고, 더 멋진 미디어 학부생이 되겠다는 생각으로 귀국했습니다.

남지윤 (고려대 미디어학부 21학번)

미디어학과 국문학을 전공하고 있습니다. 그 외에도 패션, 브랜딩, 영화 등 다양한 곳에 관심을 두고 있습니다. 언젠가는 다양한 관심사를 아우를 수 있는 대형 프로젝트를 기획하는 꿈을 가지고 있습니다.

임다솜 (고려대 미디어학부 21학번)

따뜻한 마음이 담긴 콘텐츠로 세상에 감동을 전하는 사람이 되고 싶습니다. 아무리 바쁘고 삭막한 사회일지라도 콘텐츠는 늘 그 자리를 지키며 대중의 '쉼'을 책임지고 있습니다. 저의 꿈은 다큐멘터리나 공익 광고 등 콘텐츠를 통해 세상을 미소 짓게 만드는 것이며, 이밖에도 에세이나 사진작가로서의 삶에 많은 관심이 있습니다.

정윤서(고려대 미디어학부 21학번)

제 꿈은 전 세계 사람들에게 울림을 주는 사람이 되는 것입니다. 원래는 그 꿈을 콘텐츠 제작자가 되어 이루고 싶었지만 이번에 미디어 루키스 여행을 다녀오면서 더 많은 방법들을 찾아봐야겠다고 생각하게 되었고, 현재 그 찾는 과정 안에 있습니다.

황지윤(고려대 미디어학부 21학번)

그저 광고가 좋아서 열정만 가득한 채, 미디어학부에 입학했습니다. 여전히 광고 기획자를 꿈꾸지만, 다양한 길을 염두에 두고 있습니다. 미디어 루키스 프로그램 덕분에 직업 선택에 있어 그것이 무엇이든, 저의 창의성을 활용한 직업이라면 좋겠다는 확신을 가지게 되었습니다.

채문철(고려대 미디어학부 22학번)

채소 할 때 '채'문철입니다. 고려대에서 미디어와 예술을 공부하면서 춤을 추고 있습니다. 이번 여정을 통해 얻은 영감을 다시 세상을 향해 자유롭게 표현하는 사람이 되고 싶습니다.